GS 143 Die Gemeinde

GESCHICHTE UND STAAT

Band 143

Rüdiger Robert Beer / Eberhard Laux

Die Gemeinde

Einführung in die Kommunalpolitik

GÜNTER OLZOG VERLAG MÜNCHEN — WIEN

2. durchgesehene Auflage 1977

ISBN 3-7892-7124-1

 Umschlagentwurf: Konrad Wacker, München — Gesamtherstellung: Franz Wedl OHG, Melk-Wien

Inhalt

Vorwort

Wie es der Aufgabe der Reihe „Geschichte und Staat“ entspricht, wendet sich diese Darstellung nicht an den Fachmann, der sie in mancher Hinsicht als zu vereinfacht empfinden wird, sondern an den interessierten Laien, der sich ein Bild von der deutschen kommunalen Selbstverwaltung machen möchte. Es mußten also die Gefahren einer allzu banalen Primitivierung auf der einen Seite, einer unzugänglichen Fachsprache auf der anderen möglichst vermieden werden. Zwar ist es unerläßlich, eine Vorstellung von den formalen Abläufen und den ihnen zu Grunde liegenden Gesetzen und sonstigen Bestimmungen zu geben; aber es soll andererseits einigermaßen deutlich werden, was in diesem vorgegebenen Gerüst konkret geschieht. Denn wie ein Ehevertrag ist das Gemeinderecht in gewissem Grade für den Zweifelsfall oder den Konfliktfall bestimmt, während das tägliche Leben sich seine eigenen Pfade sucht. Dabei durfte den Problemen nicht ausgewichen werden. Gerade der Lernende wird nicht befriedigt sein, wenn man ihm ein Idealbild an den Himmel zeichnet. Er will und soll wissen, daß es in der irdischen Realität Schwierigkeiten und Unzulänglichkeiten gibt, die eine Institution nicht entwerten, sie vielleicht gerade zu einem reizvollen Feld des Wirkens machen können.

Es wird hoffentlich deutlich, daß Kommunalpolitik zwar viele spezielle Kenntnisse verlangt, aber kein Gebiet spezieller Interessen und spezialisierter Wirkungen ist. Sie ist ein Komplex fast aller Tatbestände gesellschaftlichen Daseins. Sie ist Politik, weil sie nicht nur Vorgegebenes verwaltet, sondern immer wieder neue Ziele setzt und anstrebt. Sie muß deshalb auch ein Ort kämpferischer Auseinandersetzung sein. „Kommunalpolitik wird von den Bürgern, von Bürgergruppen, von der Bürgerschaftsvertretung und der kommunalen Verwaltung, nach innen und nach außen gemacht. Sie wird von Kommune mit Kommune, von Kommune gegen Kommune, von Sozialgebilden aller Art mit den Kommunen und gegen sie, von der Kommune gegenüber dem Staat und gegenüber den Parteien, und vom Staat und von den Parteien gegenüber den Kommunen gemacht"[1]). Die vorliegende Darstellung sieht diese Situation im wesentlichen in der Gemeinde und von der Gemeinde her, sie sieht im Mittelpunkt die Gemeindevertretung, den Rat, als die von der Bürgerschaft beauftragte und ihr verantwortliche Stelle.

Für die zweite Auflage wurde der Text gründlich überarbeitet, um den erheblichen Veränderungen in Verwaltungsgliederung, Finanzverfassung, Planungswesen und Statistik gerecht zu werden. Dem ursprünglichen Verfasser ist Dr. Eberhard Laux, Vorstandsmitglied der WIBERA und Honorarprofessor an der Hochschule für Verwaltungswissenschaften in Speyer, zur Seite getreten. Auf Grund verwaltungspraktischer und wissenschaftlicher Erfahrung hat er im Rahmen seiner allgemeinen Mitwirkung insbesondere Fragen der Verwaltungsgliederung und des Planungswesens bearbeitet.

In der Literaturauswahl sind solche Bücher und Zeitschriften angeführt, die sich in allgemeinerem Sinne zur Weiterführung und Vertiefung eignen; sie werden in den Fußnoten nur knapp zitiert. Bei sonstigen Zitaten zu Einzelpunkten ist jeweils der volle Buchtitel in der Fußnote angegeben. Der Fachmann wird erkennen, wie viel den einzelnen Autoren über die ausdrücklich zitierten Stellen hinaus an Anregung zu verdanken ist.

Der Text beschränkt sich auf die Verhältnisse in der Bundesrepublik Deutschland. Wer sich über die in entscheidenden Punkten unterschiedlichen Verhältnisse in der DDR unterrichten will, sei auf die Gegenüberstellung in den Materialien zum Bericht über die Lage der Nation 1974, Bundestagsdrucksache 7/2423, Anhang S. 501—593, verwiesen.

Den Städten und den Geschäftsstellen kommunaler Spitzenverbände, die Unterlagen und Rat zur Verfügung gestellt haben, sei aufrichtig gedankt.

[1]) Peter van Aubel, Kommunalpolitik heute in Deutschland, DST 1955, S. 243 ff.

I. Grundlage des Staates

a) Von 24 000 zu 8 000

„Die Gemeinde ist Grundlage und Glied des demokratischen Staates." So lautet der erste Satz der Gemeindeordnung für Baden-Württemberg[2]), und ähnlich heißt es in den meisten Gemeindeordnungen der Länder der Bundesrepublik Deutschland. Das ist keine Definition, sondern ein politisches Postulat. Die Gemeindeordnung des Saarlandes definiert: „Die Gemeinden sind die in den Staat eingeordneten Gemeinwesen der in örtlicher Gemeinschaft lebenden Menschen." In Bayern sind Definition und Deklaration verbunden: „Die Gemeinden sind ursprüngliche Gebietskörperschaften mit dem Recht, die örtlichen Angelegenheiten im Rahmen der Gesetze zu ordnen und zu verwalten. Sie bilden die Grundlagen des Staates und des demokratischen Lebens." Sie sind nach dieser bayerischen Formel „ursprüngliche" Gebietskörperschaften — damit wird den Gemeinden eine originale, von staatlicher Rechtsetzung unabhängige Existenz zuerkannt; sie stehen in einer Ordnung mit naturhaften Sozialgebilden wie etwa der Familie. Das ist umstritten. Es läßt sich etwas dafür sagen, daß die Gemeinde als Institution irgendwann vor dem Staate da war. Es hat sich in der Notzeit des Zusammenbruches nach dem Kriege erwiesen, daß sie früher wieder funktionsfähig — und notwendig — war als der Staat. Aber es gibt Beispiele dafür, daß Gemeinden nicht ursprünglich gewachsen waren, sondern Gründungen einer herrschaftlichen Gewalt sind. Man erkennt sie noch heute in mancher Gründung der Zähringer Herzöge (wie Bern und Fribourg in den Schleifen der Aare und der Saane), in den Orten der mittelalterlichen deutschen Ostsiedlung mit quadratischem Markt und rechtwinkelig abzweigenden Hauptstraßen, in den Residenzstädten des Barock, etwa Mannheim und Karlsruhe, mit ihrem mathematischen Grundriß. Staatliche Gründungen unseres Jahrhunderts sind z. B. Canberra und Wolfsburg.

[2]) Alle Gemeindeordnungen (GO) werden zitiert nach „Die Gemeindeordnungen in der Bundesrepublik Deutschland".

Der Streit, ob die Henne erst da war oder das Ei, ist ideologisch gewichtiger als in der politischen Wirklichkeit. Vom Staate erhalten die Gemeinden heute die Bestätigung ihrer Existenz[3]). Er gibt ihnen die Anerkennung als „Gebietskörperschaften", die in keiner Gemeindeordnung fehlt, er verbrieft ihnen also, daß sie auf ihrem Gebiet und für ihr Gebiet Person sind, klagen und verklagt werden können wie ein physischer Mensch, daß sie für ihr Gebiet — immer im Rahmen der staatlichen Gesetze — Rechtsordnungen setzen, deren Beachtung erzwingen, die auf diesem Gebiet Lebenden zu Leistungen heranzuziehen dürfen, zu Steuern und anderen Abgaben, zum Räumen des Bürgersteigs vor ihrem Hause vom Schnee. Der Staat behält sich vor, den Bestand dieser Gemeinden zu verändern, zu vergrößern, zu verkleinern, sie mit anderen Gemeinden zusammenzuschließen und hat davon innerhalb eines Jahrzehnts nachdrücklich Gebrauch gemacht.

In Deutschland gehört grundsätzlich jedes Stück Land zu einer Gemeinde; seltene Ausnahmen sind etwa Truppenübungsplätze, wo keinerlei kommunale Tätigkeit erforderlich ist. Auch wer „über Land" geht, wer durch den Wald wandert, befindet sich auf dem Gebiet einer Gemeinde, unabhängig davon, ob dieser Wald der Gemeinde, dem Staat oder einem Privatmann gehört. So können einwohnerschwache Dörfer an Gebiet manche große Stadt übertreffen. Diese Regelung ist im Ausland stellenweise anders; in den USA z. B. müssen Gebietsteile ausdrücklich durch staatlichen Akt in eine Gemeinde „inkorpiert" werden.

Grundsätzlich sind ferner die deutschen Gemeinden „Einheitsgemeinden", sie umfassen mit *einer* Organisations- und Amtsform ihr Gebiet. Während z. B. Städte wie London und andere im Auslande aus einer Mehrzahl oder Vielzahl selbständiger Gemeinden zusammengesetzt sein können, bilden auch die größten Städte in Deutschland umfassende Einheiten; sie sind allenfalls in unselbständige Bezirke unterteilt. Dorf und Großstadt sind rechtlich gleichgestellt und unterliegen der gleichen, vom Landesgesetzgeber be-

[3]) Vgl. Scheuner, AfK 1973, S. 1 ff.

schlossenen Gemeindeordnung. Natürlich sind sie nicht gleich leistungsfähig, und daraus ergeben sich Probleme, von denen noch zu reden ist.

Es gibt im Grundgesetz der Bundesrepublik Deutschland, Art. 28, 2, eine „institutionelle Garantie“ der Selbstverwaltung: „Den Gemeinden muß das Recht gewährleistet sein, alle Angelegenheiten der örtlichen Gemeinschaft im Rahmen der Gesetze in eigener Verantwortung zu regeln.“ Das bindet die Länder, die im übrigen für die Gesetzgebung über die Gemeinden selbst zuständig sind. Aber diese Garantie gilt nur dem Rechtsinstitut der Selbstverwaltung; die Länder könnten nicht einfach alle Gemeinderäte auflösen, alle Bürgermeister absetzen und Städte und Dörfer durch staatliche Beamte verwalten lassen. Die einzelne Gemeinde aber ist dadurch in ihrem Bestande nicht geschützt. Im Zeichen der Verwaltungsvereinfachung und der Landesplanung haben alle Länder — im wesentlichen nach übereinstimmenden Grundsätzen — drastisch in die Struktur und Organisation der kommunalen Selbstverwaltung eingegriffen. Beim ersten Erscheinen dieses Buches, 1970, gab es in der Bundesrepublik Deutschland mehr als 24 000 Gemeinden sehr unterschiedlicher Größenordnung:

Gemeinden mit ... bis unter ... Einwohnern	1968
— 2 000	20 316
2 000— 5 000	2 406
5 000— 10 000	869
10 000— 20 000	380
20 000—100 000	284
100 000 und mehr	59
Zusammen	24 282

Wenn etwa im Jahre 1980 die Gebietsreform in allen Bundesländern abgeschlossen sein wird, werden voraussichtlich weniger als 8000 Gemeinden bestehen bleiben — ein Drittel der einstigen Zahl[4]). Durch Zusammenlegungen und Eingemeindungen wird insbesondere die Zahl der

[4]) Statistische Einzelheiten bei Sigmund Wimmer, Nur ein Drittel der Gemeinden überleben, DST 1975, S. 463 ff. — Die Gebietsreform wird im Zusammenhange und mit weiteren statistischen Angaben auf S. 132 ff. dieses Buches dargestellt.

kleinsten Gemeinden drastisch verringert. Statt mehr als 20 000 Gemeinden mit weniger als 2000 Einwohnern, die ein Fünftel der Einwohnerzahl der Bundesrepublik umfassten, wird es weniger als 2000 geben. Gerade hier erwartet man sich von Zusammenschlüssen und Anschlüssen an größere Einheiten eine wesentliche Verbesserung der Verwaltungsarbeit im Dienste der Bevölkerung. Es ist nicht zu leugnen, daß diesem Ziele manche Tradition und manches Stück Selbstverwaltung im originalen Sinne geopfert werden mußte.

Ein Beispiel für diese Verminderung der Zahl der Gemeinden mit natürlich, im Positiven wie im Negativen, keineswegs nur statistischer Bedeutung bot die Vergrößerung der Bundeshauptstadt Bonn auf rund 300 000 Einwohner, bei der zwei Städte und acht weitere Gemeinden ihre Selbständigkeit verloren; gleichzeitig wurden im Landkreis Euskirchen (Eifel) die bisher 71 Gemeinden zu sechs Großgemeinden zusammengelegt, und im Rhein-Sieg-Kreis entstanden 19 Gemeinden aus vorher 87. Ein kulturhistorisch besonders einschneidender Vorgang war die Zusammenlegung der traditionserfüllten Städte Giessen und Wetzlar zur Stadt Lahn, also unter Verzicht auf die beiden überkommenen Namen. An mancher Stelle kann erst eine künftige Planungs- und Verwaltungspolitik lebendige Großgemeinden entstehen lassen, wo man heute noch wie durch einen Landkreis alten Stils mit vorwiegend agrarischem Charakter zu fahren glaubt. Bis zur Reform lebte etwa jeder dritte Bewohner der Bundesrepublik in einer Gemeinde mit weniger als 5000 Einwohnern; 1980 wird es nur etwa jeder sechste sein. In den anderen Gemeindegrößengruppen steigt entsprechend der Anteil an der Gesamteinwohnerzahl, insbesondere in den Gruppen bis 100 000: die Bundesrepublik wird weitgehend ein Land der Mittelstädte. Großstädter werden künftig etwa 35 v. H. sein; 1968 waren es schon 32 v. H. Für einen Teil der Dörfer, die jetzt in größeren Einheiten aufgehen, wird in gewissem Sinne nur eine bereits vollzogene soziologische Veränderung verwaltungspolitisch ratifiziert; sie hatten unverkennbar bereits weitgehend städtischen Charakter angenommen. Andere Dörfer (und Kleinstädte) haben mehr vom überkommenen Charakter bewahrt. Die wirtschaftlichen und nicht zuletzt die psychologischen Wirkungen der Reform sind nicht so exakt vorauszuberechnen wie die verwaltungstechnischen. Man wird sich auf eine Übergangs- und Anpassungszeit in den neuen, größeren Gemeinden einzustellen haben. Was wird dann „Gemeinde“ sein?

Eine qualitative Gliederung der Gemeinden in Deutschland wird durch die überlieferte Unterscheidung zwischen Dorf und Stadt kaum erleichtert. Die Zusammenfassung von Körperschaften so unterschiedlicher Größe unter dem Begriff „Gemeinde“ ist problematisch. Auch der Begriff Stadt ist nicht mehr eindeutig. Im Mittelalter konnte das Stadtrecht, vom Landesherren verliehen, in der Tat Rechte bedeuten: das Recht, sich mit Mauern zu umgeben, einen Markt zu halten, Gerichtsbarkeit zu üben. Im 19. Jahrhundert und bis weit in das 20. Jahrhundert hinein mochte noch die Faustregel gelten: Stadt ist, wo die Straßen gepflastert sind. Aber im „Ackerbürger“, der als Stadtbewohner von der Landwirtschaft lebte, zeigte sich eine alte Vermischung. Heute sind städtische Lebensformen und städtische Menschen ins flache Land eingedrungen. Es gibt immer weniger Dörfer im alten Sinne, mit fast ausschließlich ländlicher Bevölkerung und Wirtschaft, mit schlechten Straßen und unzulänglichem Verkehrsanschluß an die Umwelt. In zahlreichen anderen sind die Straßen gepflastert, vielleicht sogar kanalisiert. Die berufliche Zusammensetzung der Bewohner hat sich verändert. Die modernen Formen des Handwerks und des Handels, Reparaturwerkstatt, Tankstelle und Kettenladen, sind insbesondere mit der Motorisierung eingedrungen. Sie haben es auch zahlreichen Stadtmenschen ermöglicht, Wohnsitz auf dem „Dorfe“ zu nehmen, das seinen Charakter auch weit außerhalb der unmittelbaren Nachbarschaft zur Stadt verändert. Andererseits sind alte Städte in ihrer Entwicklung stehengeblieben oder zurückgefallen. Die Verleihung der „Stadtrechte“ durch die Landesregierung ist nicht mehr als eine repräsentative Dekoration[5]).

[5]) Zur Definition der Stadt vgl. Ofner, ferner Grauhan, AfK 1965, S. 67 ff.

b) Gemeinden und Kreise

Auch nach der Gebietsreform der letzten Jahre ist die größte Zahl der Gemeinden für bestimmte Aufgaben zu klein. Sie haben dazu weder die „Finanzkraft", also ausreichende Einnahmen, noch die nötige „Verwaltungskraft", ausreichende und ausreichend spezialisierte Beamte und Angestellte. Sie haben für sich allein auch keinen ausreichenden Bedarf an kommunalen Leistungen. Eine ländliche Gemeinde oder eine Stadt von wenigen tausend Einwohnern können sich kein Krankenhaus leisten, mit der Berufsschule, einer modernen Abfallbeseitigung und manchen anderen Einrichtungen ist es ähnlich. Nicht nur *in* den Gemeinden, sondern *zwischen* den Gemeinden müssen Wege und Straßen angelegt und unterhalten werden. Auch die Einwohner der kleinen Orte müssen schnell in ein Krankenhaus gelangen können; ihren Kindern muß der Besuch weiterführender Schulen möglich sein. Solche und andere Aufgaben, die die Kraft und den Bedarf der einzelnen Gemeinde übersteigen, übernimmt der Kreis. Indem er jene die Kraft und den Bedarf der einzelnen Gemeinde übersteigenden Aufgaben erfüllt, sorgt er zugleich für einen gewissen Ausgleich ihrer unterschiedlichen Leistungsfähigkeit. Außerdem übt er im Auftrage des Staates die Aufsicht über die ihm angeschlossenen Gemeinden aus; staatliche und kommunale Funktionen sind in ihm verzahnt. In Zukunft wird es in der Bundesrepublik 230 (früher 425) Kreise geben. Ihnen werden 99 v. H. der Gemeinden angehören.

Da ihre Organe, insbesondere der Kreistag, nicht aus Abgeordneten der Gemeinden bestehen, sondern vom Volk unmittelbar gewählt werden, verstehen die Kreise sich nicht als „Verbände" der Gemeinden. Sie sind Teil der Kommunalverwaltung; ihre innere Organisation ähnelt der von Gemeinden. Wie der Gesetzgeber sich die Zusammenarbeit zwischen Kreis und Gemeinden im Kreise vorstellt, läßt sich sehr gut aus § 20 der schleswig-holsteinischen Kreisordnung ablesen: „Die Selbstverwaltung des Kreises soll die Selbstverwaltung der kreisangehörigen Gemeinden ergänzen und fördern. Kreis und Gemeinden sollen im Zusammenwirken alle Aufgaben der örtlichen Selbstverwaltung erfüllen." Zusammenarbeit und sinnvolle Arbeitsteilung sind also die Hauptgrundsätze dieser Gliederung. Sie ist eine typisch deutsche Entwicklung, von der auch unsere Nachbarn gelernt haben.

Große Städte haben sowohl die Finanzkraft wie die Verwaltungskraft, die vom Kreise erledigten Aufgaben selbst zu übernehmen; und sie haben auch den entsprechenden Bedarf. Solche Städte bedürfen also der Unterstützung des Kreises nicht, sie können ein Kreis für sich selbst sein. Man spricht deshalb von „Stadtkreisen" oder „kreisfreien Städten". Dieser Charakter kommt sichtbar in der Bezeichnung des Stadtoberhauptes zum Ausdruck, das in kreisfreien Städten nicht Bürgermeister, sondern *Ober*bürgermeister heißt, während die Hansestädte und Berlin an der Bezeichnung Bürgermeister festgehalten haben.

Den Status der kreisfreien Stadt werden nach Abschluß der Reform einschließlich der drei Stadtstaaten rund 90 Städte mit zusammen etwa 36 v. H. der Gesamteinwohnerzahl der Bundesrepublik haben. (Vor Beginn der Gebietsreform waren es 139 Städte mit 39 v. H. der Bevölkerung.) Die Zahl der kreisfreien Städte ist durch Zusammenlegungen und Eingemeindungen verringert worden; die Gesamtzahl ihrer Einwohner ist gesunken, weil zahlreiche Städte den Charakter der Kreisfreiheit verloren haben und „eingekreist" wurden. Der Charakter als kreisfreie Stadt war zunächst nicht an eine bestimmte Einwohnerzahl gebunden. Die Vorstellungen davon, wann eine Stadt groß oder klein zu nennen sei, haben sich historisch gewandelt. In die Denkschrift seines Mitarbeiters Frey über den Entwurf einer Städteordnung hat der Freiherr vom Stein selbst die Zahlen hineinkorrigiert: klein unter 6000, mittel bis 10 000, groß über 10 000 Einwohner. Auch der Maßstab, welcher Stadt die Kraft zur Selbständigkeit, also zur Kreisfreiheit, zuzutrauen sei, war historisch, im besonderen auch territorial unterschiedlich. Einer Tradition entsprechend wird Bayern auch in Zukunft kleinere kreisfreie Städte haben als andere Bundesländer. Im übrigen haben die Gesetzgeber im Zuge der Gebietsreform eine Größe von etwa 100 000 Einwohnern als untere Grenze für die Kreisfreiheit angenommen. Dieser Rahmen ist nicht starr eingehalten worden. Wie es auch heute, insbesondere in Bayern, kreisfreie Städte unter 100 000 Einwohnern geben wird, ist andererseits die Stadt Neuss mit fast 150 000 Einwohnern kreisangehörig geworden. Sogar eine Landeshauptstadt, Saarbrücken mit mehr als 180 000 Einwohnern, ist nicht mehr kreisfrei, sondern gehört mit neun anderen Gemeinden, die zusammen auch etwa 180 000 Einwohner haben, einem „Stadtverband Saarbrücken"*) an. Bevölkerungsdichte, notwendige Größe und Leistungskraft des umgebenden Kreises und die Struktur der Nachbarstädte und -gemeinden spielen hier eine bedeutsame Rolle. In den Ballungsgebieten haben manche Kreise in ihrem Gebiet mehrere größere kreisangehörige Städte. Einig war man sich, daß die größte von ihnen nicht mehr als etwa 40 % der Kreisbevölkerung umfassen sollte, damit sie nicht die Kommunalpolitik im Kreise allein bestimmen kann.

Daß es zwischen einer größeren kreisangehörigen Stadt, dem Kreis und den Gemeinden kreisangehöriger Städte Spannungen geben kann, hat die Geschichte der Selbstverwaltung erwiesen. Größere Städte erbringen für ihre Bevölkerung und für ihr Umland kommunale Leistungen von größerem Umfange. Wie die kreisfreien Städte brauchen sie die Hilfe der Kreise nicht oder nur wenig. Andererseits sind aber der Kreis selbst und andere benachbarte Gemeinden häufig auf die Finanzkraft größerer kreisangehöriger Städte angewiesen. Um den berechtigten Wünschen solcher Städte nach größerer Selbständigkeit zu entsprechen, hat man ihnen in den Ländern Baden-Württemberg, Bayern, Niedersachsen und Rheinland-Pfalz die Möglichkeit gegeben, den Status als „Große kreisangehörige Stadt" oder als „Selbständige Stadt" zu erhalten. Sie erfüllen dann eine Reihe von Aufgaben, die sonst dem Kreis obliegen und unterstehen zumeist nicht dessen Rechtsaufsicht. Die Mindestgröße für einen solchen Sonderstatus liegt zwischen 30 000 und 50 000 Einwohner.

Es wird immer ein wichtiges Gebot für die Kommunalpolitik der Kreise bleiben, den Besonderheiten jeder Ge-

*) Der Stadtverband Saarbrücken bildet eine in der Bundesrepublik sonst nicht vergleichbare Zwischenform zwischen Kreis und Regionalverband (hierzu vgl. S. 154).

meinde gerecht zu werden. Daß dies auch nach der Gebietsreform eine schwierige Aufgabe bleibt, liegt an den Unterschieden der Räume; sie konnten auch durch eine Gebietsreform nicht vollständig bereinigt werden[6]).

c) Stadtstaaten

Drei Städte heben sich aus der großen Zahl der Gemeinden in besonderer Weise hervor, nicht durch ihre Größe, sondern durch ihre Rechtsform: (West-)Berlin, Hamburg und Bremen sind „Stadtstaaten". Sie haben also den Doppelcharakter eines Bundeslandes und einer Stadt. Sie haben die Aufgaben eines Landes, sind im Bundesrat und in den Organisationen der Länder (Ministerpräsidentenkonferenz, Kultusministerkonferenz usw.) vertreten, und sie haben die kommunalen Aufgaben wie etwa die Versorgung mit Wasser und Elektrizität oder die Müllbeseitigung. Ihnen stehen auch beide Einnahmen zu, die staatlichen und die kommunalen. Der Doppelcharakter kommt in der Amtsbezeichnung des Verwaltungschefs von Berlin zum Ausdruck. Er ist „regierender Bürgermeister", Staatschef und Stadtoberhaupt in einer Person. Die drei genannten Städte sind, wie gesagt, nicht die größten. Zwar haben Berlin (auch wenn man nur den westlichen Teil rechnet) und Hamburg die größten Einwohnerzahlen. Bremen dagegen wird von einer Reihe anderer Städte übertroffen, selbst wenn man Bremerhaven einrechnet (Bremen ist der einzige Stadtstaat, der aus zwei Städten besteht). Aber auch ein „Flächenstaat" wie das Saarland steht an Einwohnerzahl hinter der größten Stadt, die nicht gleichzeitig Land ist, hinter München also, an Einwohnerzahl zurück. Die Stadtstaaten — den Stadtkantonen der Schweiz, Basel und Genf, vergleichbar — legen Wert auf die kommunale Seite ihrer Existenz. Sie haben gewissermaßen zwei Herzkammern, eine staatliche und eine städtische; und beide schlagen kräftig. Dem Statistiker mag es gelegentlich eine gewisse Schwierigkeit machen, zu entscheiden, ob eine stadtstaatliche Leistung als staatlich oder als kommunal zu registrieren sei; es gibt ja zum Beispiel staatliche und städtische Theater.

[6]) Vgl. zu diesem Abschnitt Laux, in: „Der Kreis", Bd. I.

II. Die Struktur der Gemeinde

1. Voraussetzungen

a) Veränderte Welt

Ferdinand Tönnies, einer der Altmeister der deutschen Soziologie, hat in seinem berühmten (1887 erstmals erschienenen) Buch über „Gemeinschaft und Gesellschaft" das Dorf als „die innigste Gestaltung" jener Sozialgebilde bezeichnet, die durch den Grund und Boden bestimmt sind, also Dorf, Stadt, Bezirk, Staat. Die Gefühlsnote, die hier anklingt, ist bezeichnend für eine gewisse sentimentale Einschätzung insbesondere der kleinen Gemeinde als eines Ortes natürlicher Harmonie, eines naturhaften fast idyllischen Verbandes. Das ging auf Frühere zurück, auf Wilhelm Heinrich Riehl etwa, den Soziologen mit dem Wanderstab, der uns aus dem Leben der Dörfer und Städte des 19. Jahrhunderts und ihrer Bürger Bilder von schöner Realität und kulturhistorisch bleibendem Wert hinterlassen hat, wenn auch manche seiner Anschauungen wie die kulturkritische Abwertung der Großstadt am heutigen Maßstab herzhaft reaktionär wirken. Auch noch ältere, romantische und selbst aufklärerische Vorstellungen von Natürlichkeit und Gesundheit des Lebens im kleinen und engen Raum mögen auf das sentimentalisierende Bild von der Gemeinde eingewirkt haben, das weder der heutigen Mentalität entspricht noch der heutigen Realität. Ob es einer früheren entsprochen hat, ob nicht gerade die kleine Gemeinde im Regelfall eine ziemlich harte Herrschaftsform einzelner oder weniger Familien gewesen ist, sei dahingestellt.

Im Pendelschlag gegen eine solche problematische Harmonievorstellung mag heute das agonale Element im Leben der Gemeinde überbetont werden. Aber gewiß ist die Gemeinde in der Tat einer der Orte, an denen die gesellschaftlichen Gegensätze ausgetragen werden. Das gilt nicht zuletzt für die Gemeinde als Verwaltungseinheit, wie sie von Gesetzgebung und Verwaltung verstanden wird. Dieser Begriff genügt der politikwissenschaftlichen und der soziologischen Betrachtungsweise nicht[7]), aber diese Wissenschaften werden den Tatbestand bestätigen, eher verstärkt betonen, daß die Gemeinde ein Boden gesellschaftlichen Kampfes ist. Selbstverständlich hat die Gemeinde als Ganzes, soweit sie sich als ein Ganzes verstehen will, ein Interesse daran, über solchen Auseinandersetzungen immer wieder auch freundliches Begegnen und Verständigung zu ermöglichen oder herbeizuführen. Sie versucht das z. B., wenn sie die verschiedenen politischen und weltanschaulichen Richtungen auf dem Boden der Volkshochschule zusammenführt.

Die politische Gemeinde tritt ihrem Bürger heute nicht als einheitliche Gestalt gegenüber. Sie hat mindestens drei verschiedene Gesichter. Zunächst ist sie die kleinste, *„unterste" Gliederung des Staates;* sie handelt für ihn und führt seine Weisungen aus. Solange das Prinzip der bürgerschaftlichen Mitwirkung besteht, ist das die Stelle, in der sich der Staat am engsten einer Kontrolle seiner Bürger stellt, so daß in einer Zeit, die nach Verstärkung des demokratischen Einflusses ruft, die in der Gemeinde herrschenden Prinzipien eher Vorbild für andere Verwaltungsinstanzen und -institutionen sein sollten als ein abbauwürdiges Fossil. Zweitens ist die Gemeinde ein *selbständiges Sozialgebilde,* dessen Teilhaber sich selbst zu verwalten berufen sind; aber auch hier muß die Gesamtheit dem Einzelnen, wie in Vertretung des Staates, als Obrigkeit mit Gebot und Verbot begegnen. Sie ist schließlich — und das um so deutlicher, je größer sie ist — ein *Bündel gesellschaftlicher Gliederungen,* von Kirchen, beruflichen Gruppen, Parteien, wirtschaftlichen, kulturellen und sonstigen Vereinigungen, deren Nähe zur Gemeinde unterschiedlich ist, die aber zu einem großen Teile unmittelbar oder mittelbar auf sie einzuwirken suchen.

Die Gemeinde weckt zwar nach wie vor Gefühle heimatlicher Verbundenheit; die Assimilationskraft gerade großstädtischer Bevölkerungen ist erstaunlich; trotzdem ist das Verhältnis des Bürgers zu seiner Gemeinde problema-

[7]) Vgl. Arno Klönne, Zum Begriff und zur Realität von politischer Gemeinde, Gegenwartskunde 1967, S. 22—27.

tisch geworden. Nicht nur der aus beruflichen Gründen öfter den Standort Wechselnde hat eine gelockerte Beziehung zum jeweiligen Wohnsitz. Personale Verbände, die nicht auf der lokalen Nachbarschaft beruhen, sondern vornehmlich vertikale Bindekraft haben, können für den Einzelnen bedeutsamer sein als die Gemeinde: Berufsverbände, Weltanschauungsgruppen, politische Organisationen. Die örtlichen Verbände solcher Organisationen können freilich auch örtlich integrierenden Charakter haben, z. B. im Sport.

Die Gemeinde ist ferner oder war mindestens bis zur Neugliederung durch die Verwaltungsreform territorial oft nicht mehr klar abgrenzbar. Viele Bewohner, sogar ganze Betriebe, weichen aus Platzgründen in die Nachbarschaft aus. Wo ist der „Pendler" wirklich zu Hause — da wo er seine Nächte verbringt und am Wochenende mit der Familie zusammenlebt, oder da, wo ihm die Arbeit die materielle Grundlage seines Lebens gibt und doch auch sein Denken, seine nachbarschaftlichen Gefühle in hohem Grade ausfüllt?

Gefährlich für die Gemeinde als ein auf Individualität gestelltes Gemeinwesen ist im besonderen der Zug zur Zentralisierung, der das staatliche, wirtschaftliche, gesellschaftliche Leben zunehmend bestimmt, die keineswegs nur in Deutschland „zunehmende zentrale Programmierung der staatlichen Aufgaben", die sich auch in einer wachsenden Bedeutung des Bundesgesetzgebers ausdrückt[8]). Die Probleme steigender Menschenzahlen, steigender Produktion, steigender Ansprüche und Bedürfnisse können nur noch durch technische und organisatorische, damit häufig auch lokale Zentralisation bewältigt werden, und der Erfindungsgeist des Menschen verstärkt diese Tendenz. Sie droht in gewissem Grade die Gemeinde anachronistisch zu machen, aber die Gemeinde selbst muß sich fragen lassen, ob sie diesen teils sachbedingten, teils auch willkürlichen

[8]) Eberhard Laux, Autonomie als politisches Prinzip — Zur Entwicklung der Selbstverwaltung in unserer Zeit, Münster (Westf.) 1975, mit zahlreichen Literaturangaben zu diesem Aspekt. — Rüdiger Voigt, Restriktionen kommunaler Sozialverwaltung, in: „Aus Politik und Zeitgeschichte", Beilage zu „Das Parlament", 22. 1. 1977.

Tendenzen mit ihrer internationalen Faszination nicht selbst Vorschub leiste, sei es in dem Streben nach Eingemeindung der Nachbarn, sei es, indem sie ihrerseits übernimmt, was etwa auch Bürger oder bürgerschaftliche Vereinigungen in eigener Kraft bewältigen könnten. Die Wahl zwischen Zentralisation und Subsidiarität ist eine Frage, die die Gemeinde an den Staat stellt, vor die sie sich aber auch selbst gestellt sieht. Einer, der beide Seiten kennt, hat dazu gesagt: „Unsere Gemeinden sind durch viele Maßnahmen des Staates und durch unbestreitbare Tendenzen in der gesellschaftlichen Entwicklung in ihrem kommunalpolitischen Gestaltungsspielraum mehr und mehr bedroht. Wenn diese Einschnürung nicht aufgehalten werden kann, kann sie zu einer existenziellen Bedrohung der Gemeinden führen und ihnen am Ende jede Atemluft nehmen. Dies ist keine zwangsläufige Entwicklung, wir können sie aufhalten"[9]). Die Funktionalreform, die Neuverteilung der Aufgaben zwischen Land und Gemeinden, die der neuen Verwaltungsgliederung folgen und sie erst voll wirksam machen soll, wird eine Antwort zu geben haben.

Man könnte also sagen, die Gemeinde habe in gewissem Grade die Identität mit sich selbst verloren. Das gilt auch in dem Sinne, daß sie einen Teil ihrer Funktionen abgegeben, verloren oder delegiert hat[10]). Der Raum, aus dem sich der Bürger versorgt, deckt sich oft nicht mehr mit seiner Wohngemeinde, die ihren Charakter als Markt zu einem Teile eingebüßt hat. Freilich gibt es große Städte, die sich als „Einkaufsstädte" anpreisen und in ihrer City Warenhäuser und andere Einzelhandelsgeschäfte in solcher Zahl vereinigen, daß sie in größerem Maßstab die Funktion der alten Marktgemeinden übernommen haben. Selbst sie sehen sich durch Supermärkte oder ähnliche Einrichtungen bedroht, die sich auf freiem Felde, auf billigem Boden, in gewerbesteuerschwachen Orten etablieren und im

[9]) Erwin Schleberger, Ist die Gemeinde noch lebensfähig? Komba Rundschau, Nr. 5/1976.

[10]) Hierzu Susanne und K. F. Schade, Regionalplanung und Bürgerinitiative, Offene Welt, 1968, S. 323—331. — Hans Oswald, Die überschätzte Stadt, Olten 1967 (vgl. Bespr. in AfK, 1967, S. 409—415).

Zeichen des Kraftverkehrs leicht erreicht werden können. Gerade auch die Güter eigentlich kommunalen Charakters erhält der Bürger oft nicht mehr von seiner Wohngemeinde. Der Strom kommt nicht mehr aus dem örtlichen Elektrizitätswerk, sondern aus einem Verbundnetz, das über kommunale Grenzen, über Landesgrenzen, gar über die Grenzen des Bundesgebietes hinausgeht. Erdgas wird aus den Niederlanden, demnächst vielleicht aus Afrika bezogen. Auf das Geschäftsgebaren der Gesellschaften, die diese Güter liefern, hat die Gemeinde nur bescheidenen Einfluß. Die Dorfschule wird geschlossen, allenfalls die Grundstufe bleibt am Ort, an zentraler Stelle entsteht eine Mittelpunktschule. Aus der Kreisstadt kommt ein- oder zweimal in der Woche ein Büchereibus. Der Funktionsverlust ist in den einzelnen Größengruppen unterschiedlich; spürbar ist er wohl überall.

b) Ende oder Neubeginn?

Aus diesem Funktionsverlust haben manche Autoren die Konsequenz eines bevorstehenden oder nur noch zu konstatierenden Todes der Gemeinde ziehen wollen. Am radikalsten geschah das in einem Aufsatz[11]), der scharfsinnig und frühzeitig jene Veränderungen erkannte, insbesondere auch das Auseinanderklaffen von Verwaltungsstadt und gesellschaftlicher Stadt, das später Planer, Soziologen und Administratoren in gleicher Weise beunruhigte. Dieser Aufsatz, der 1931 erschien und in den folgenden Jahren gern zitiert wurde, wollte in einer Hypertrophie des Etatismus nicht nur die Gemeinde, sondern jede Untergliederung des Staates überhaupt abschaffen: „Im Zeitalter der Eisenbahn und des Kraftwagens, des Telegraphen und Fernsprechers, der Presse, des Luftverkehrs und des Rundfunks ist der Landrat ein Anachronismus, eine territoriale Gliederung des Staatsgebietes nicht mehr nötig." Im Staate selbst übrigens gibt es nach diesem Konzept keine Ministerialverwaltung, sondern eine fachliche vertikale Gliederung, in der auch die jeweils entsprechenden Arbeitsgebiete der Gemeinden und

[11]) Friedrich Mess, Gemeindendämmerung, Zs. f. Rechtsphilosophie 1930/31, S. 217—273.

Gemeindeverbände aufgehen. Auch „für Verwaltungsgerichte ist innerhalb des Fachstaates kein Raum und kein Bedarf". Wenn Laienmitwirkung und Öffentlichkeitskontrolle in der geforderten unmittelbaren Staatsverwaltung für möglich gehalten werden, so liegt doch die Führung eindeutig bei einer totalen Bürokratie. Deshalb darf dahingestellt bleiben, ob der Verfasser aufrichtig an den Segen des reinen Sachverstandes geglaubt hat, ob ihm also die möglichen politischen Konsequenzen seiner Verwaltungstheorie bewußt waren. Sein Schlußwort: „Der übermenschliche Kampfzweck des Staates verlangt straffstes Zusammenfassen aller Kräfte, Aufsaugen aller nicht unbedingt nötigen geselligen Verbandsbildung, geradliniges ungehemmtes Bewegen aller Einzelkräfte zum obersten Zweck" darf heute — entgegen der Absicht des Verfassers — als Warnung gelesen werden.

Heutigen Propheten eines Niederganges der Gemeinde sind solche Tendenzen nicht zu unterstellen. Aber sie scheinen manchmal aus einer akademischen Ferne zu urteilen, die der Lebenswirklichkeit nicht ganz gerecht wird. Zu dieser Wirklichkeit gehört, man bejahe oder man tadle es, auch heute noch ein Stück Emotion. Die schnelle Wiederherstellung der Städte nach den Kriegszerstörungen wäre ohne dieses Stück — man nenne es ruhig: Sentimentalität — bei aller Effektivität einer zunächst improvisierten Verwaltung nicht möglich gewesen. Stellenweise ist der Wiederaufbau geradezu vom Gefühl erzwungen worden, wo die Planer am liebsten an einem neuen Ort angefangen hätten und kaum ein Verwalter von sich aus den Mut fand, in den Trümmern wieder zu beginnen. Ein Stück solcher Verbundenheit ist auch unter den komfortablen Verhältnissen der Gegenwart noch zu spüren; es hat die nachwachsende Generation und die Zuwanderer in gewissem Grade erfaßt. Wahrscheinlich wird wenigstens für eine gewisse Zeit etwas davon auch in den zahlreichen kleinen Gemeinden überleben, die ihre kommunale Existenz durch die Verwaltungsreform in den Ländern verloren haben.

Insbesondere aber wird leicht übersehen, daß Funktionsverluste der Gemeinde in großem Umfange durch andere Funktionen ersetzt werden, daß insgesamt also eher eine

Verschiebung als ein reiner Verlust eintritt, wie das übrigens in der Vergangenheit verschiedentlich der Fall gewesen ist. Die Bedürfnisse der Einwohnerschaft müssen weiterhin zu einem großen Teil am Ort befriedigt werden, auch wenn sie aus entfernteren Quellen — beim Wasser wörtlich — gespeist werden. Bei der Regierung, einer Regionalverwaltung aktueller oder künftiger Gestalt, bei jenen Überlandwerken, die Energie für Haus und Wirtschaft liefern, muß das örtliche Interesse vertreten werden. Das wird vielleicht ein höheres Maß von Verwaltungskunst und Verhandlungsgeschick verlangen als der frühere Zustand. Die Gemeinde wird auf gewissen Gebieten aus einem Aktionsverband zu einer Koordinationstelle in einem Netz von Beziehungen. Freilich bedeutet jedenfalls „verwalten" in gewissem Grade „koordinieren". Es geht darum, Kontakt und Ausgleich zwischen Menschen, Ämtern, Instanzen zu vermitteln. Das konkrete, unmittelbare Tun, Bauen, Helfen usw., bleibt der Gemeinde in höherem Grade als der Regierung, aber ein Zug zur Abstraktion ist unverkennbar. Das entspricht der Entwicklung leitender Funktionen in der Wirtschaft; auch der „Manager" in der klassischen Formulierung James Burnhams ist ein Koordinator[12]). So spricht man gelegentlich übertreibend vom Oberbürgermeister als dem „Generaldirektor des Konzerns Stadt".

Doch wäre es falsch, nur diese Seite, nur die Abstraktion der Verwaltungsarbeit, zu sehen. An die Stelle konkreter kommunaler Aufgaben, die sich erledigen oder an andere Stellen übergehen, treten neue. Wo die Wohlfahrtsentwicklung manches Übel überwindet — man denke an den Rückgang der Tuberkulose in den letzten Jahrzehnten — tritt an die Stelle der Wohlfahrtspflege alten Stils eine immer stärker differenzierende Fürsorge vorbeugender Natur, insbesondere für Jugendliche, auch für alte Leute, nicht zu vergessen: für die Familie. Der Bedarf an Bildungseinrichtungen verschiedener Struktur und Stufung wächst mit der Einsicht, daß nur Bildung hinreichend auf die Komplikationen der kommenden Jahrzehnte vorbereiten

[12]) James Burnham, The Managerial Revolution, London 1942.

kann. Die zunehmende Mitwirkung der Frau im Berufsleben wird der Gemeinde neue Aufgaben stellen. Erholungs-, Spiel- und Unterhaltungsmöglichkeiten müssen der wachsenden Freizeit angepaßt werden. An den Grund und Boden, letztlich doch an Ort und Gemeinde gebunden bleibt der Bau der menschlichen Behausungen mit allem, was an Dienstleistungen daran hängt: Straßen, Beleuchtung, Energieversorgung, Verkehr und manches andere. Das alles vollzieht sich in größeren Zusammenhängen, aber doch an örtlichen Verdichtungspunkten. Noch ist die Verstädterung nicht so weit vorgeschritten, daß sie sich durch eine totale Verschmelzung aller menschlichen Siedlungen gewissermaßen selbst aufhöbe[13]).

c) *Stadtbewußtsein*

Die außerordentlichen Veränderungen, Größenwachstum, Übergreifen der städtischen Lebensform auf ländliche Siedlungen, Mobilität der Bevölkerung usw. haben Wesen und Selbstverständnis der Gemeinde, insbesondere der städtischen Gemeinde, nicht unberührt lassen können. Ein Oberbürgermeister sah es so:

„Wir haben eine Fülle neuer Stadtteile bekommen, die einfach aus der gestiegenen Quantität der Einwohner und der dafür nötigen Wohnungen und Freiflächen sich ergab. Aber dadurch, daß diese Quantität sich ausgewirkt hat in neuen Stadtteilen, hat sich die Qualität des Stadtbewußtseins verändert und zwar in der Richtung, daß es nur noch einer ständig geringer werdenden Zahl von Bürgern möglich ist, die ganze Stadt zu erleben und in ihren Erlebnis- und Bewußtseinsbereich einzubeziehen. Es verlagert sich die Qualität des Stadtbewußtseins auf die Wohnsiedlungen, die Stadtteile, die sich neu gebildet haben, oder die sich als alte, einst selbständige Orte nunmehr als Stadtteile in die große Stadt allmählich haben einfügen müssen“[14]).

Was hier beschrieben wird, ist in den einzelnen Stadtteilen je nach ihrer Struktur und Geschichte gewiß unter-

[13]) Hierzu Wolfgang Schulenberg, Das Ende der Verstädterung, Neue Sammlung, 1967, S. 334—347.

[14]) Hans Reschke, Perspektiven, Mannheim 1974, S. 127.

schiedlich. Eine Schicht, die schon wegen des beruflichen „Pendelns" zwischen Außenbezirk und City die Stadt als Ganzes erlebt, wird es meistens geben. Aber ein Stadtteil-Bewußtsein gibt es, und man hat es schon früher in großen Städten beobachtet. Die in mehreren Schritten schließlich zur Stadt Berlin verschmolzenen Städte haben im Bewußtsein ihrer Bewohner lange weitergelebt; um den Fichtenberg in Dahlem und um den Prenzlauer Berg waren zwei verschiedene Welten, obwohl man mit der Straßenbahn von einer zur anderen fahren konnte. Der Kölner, der nach dem Kriege „ze Fooss nach Kölle gonn" wollte, strebte heim in eine bestimmte Straße im „Vringsveedel", im Viertel um die Kirche St. Severin. Ob sich ein solches Bewußtsein auch in den neuen Wohnvororten, die man manchmal irreführend als „Satellitenstädte" bezeichnet, bildet, dürfte freilich von der Qualität dieser Siedlungen abhängen — oder davon, ob sie Qualitäten gewinnen, die ihnen gelegentlich allzu sehr abzugehen scheinen: ein gewisses Maß von Eigenexistenz und Nestwärme.

Der Gedanke liegt nahe, diesem Selbstbewußtsein der Stadtteile in der Verwaltung Raum zu geben, gerade im Zusammenhang mit den zahlreichen Eingemeindungen und Zusammengemeindungen der sechziger und siebziger Jahre. Erfahrungen bei der großen preussischen Eingemeindungsaktion von 1929 haben gezeigt, daß eine Erinnerung an die frühere Selbständigkeit sich über Jahrzehnte hinweg halten und zu psychologischen Verklemmungen, ja politischen Aktionen führen kann, wenn solchen Gefühlen nicht vorsichtig Rechnung getragen wird.

Nach dem Vorbild der Stadtstaaten sehen nun auch die Gemeindeordnungen von Baden-Württemberg, Hessen, Niedersachsen, Nordrhein-Westfalen und Rheinland-Pfalz die Bildung von Stadtbezirken oder ähnlich benannten Untergliederungen großer Gemeinden vor („Ortschaften" in Niedersachsen). Diese Vorschriften sind länderweise unterschiedlich; sie haben unterschiedliche Tatbestände zu regeln, wie sie sich etwa in Nordrhein-Westfalen aus dem Zusammenschluß von manchmal unmittelbar aneinandergrenzenden Städten, in Niedersachsen aus der Vereinigung zerstreut liegender Dörfer zu einer Gemeinde ergeben. Die

Bildung solcher Bezirke wird bald verpflichtend gemacht (in Nordrhein-Westfalen für alle kreisfreien Städte), bald in das Belieben des Gemeinderates gestellt. Die Abgrenzung der Kompetenzen für solche Bezirke ist keine leichte Aufgabe, will man ihren Verwaltungen und Räten so viel Zuständigkeit, insbesondere auch so viel finanzielle Autonomie geben, daß sie Persönlichkeiten von Qualität anziehen, und so wenig, daß der Effekt des Zusammenschlusses nicht wieder aufgehoben wird. Ausländische Städte in Europa und Amerika, die den Gedanken der Einheitsgemeinde weniger konsequent verwirklicht haben als wir, tun sich mit der notwendigen Koordination offenbar manchmal recht schwer.

Die Stadt ist nicht nur territorial gegliedert, sondern auch gesellschaftlich, und wie sie in ihrer Selbstverwaltung vom Prinzip der Subsidiarität lebt, nach dem die größere Gliederung nicht an sich ziehen soll, was die kleinere ebenso gut erledigen kann, so wird sie dieses Prinzip auch gegen sich selbst gelten lassen müssen. Aus der Not des Pluralismus auf diese Weise eine Tugend machen, ist in der Praxis nicht ganz einfach[15]). Wo nämlich ist mit Gewißheit zu erkennen, daß die kleinere Gruppe es ebenso gut könne? Auf den Gebieten der sozialen Hilfe und der Jugendwohlfahrt hat der Staat es zum Gesetz gemacht, daß private, d. h. vor allem kirchliche und andere weltanschauliche Organisationen einen Vorrang vor der Gemeinde genießen. Gelegentlich mag es problematisch sein, daß solche Gruppen ihre Aufgabe dann nur mit überwiegender öffentlicher Hilfe erfüllen können. Zweifellos aber besteht das Leben einer Gemeinde zu einem erheblichen Teil aus dem, was einzelne Gruppen darin tun, vom Kleingärtnerverein bis zum Amateur-Quartett. Es ist bis heute nicht sinnlos, das

[15]) Eine besonders charakteristische Ausformung hat der gesellschaftliche Pluralismus in den Niederlanden erfahren. Unter dem Stichwort der „Versäulung“ ist ein so großer Teil der öffentlichen Funktionen verschiedenen weltanschaulichen Gruppen zugewiesen, daß es z. B. nur wenig kommunale Büchereien und gar keine kommunalen Volkshochschulen gibt. Die Zweckmäßigkeit dieser Regelung ist freilich in den Niederlanden selbst umstritten.

Lorenz von Stein in einem 1869 erschienenen Band seiner „Verwaltungslehre“ dem „System des Vereinswesens“ einen besonderen Abschnitt als Teil der vollziehenden Gewalt, der Verwaltung also, gewidmet hat. Hier kann die Selbstverwaltung in dem ursprünglichen Sinne, daß die Beteiligten die sie betreffenden Dinge selbst erledigen, konkreter realisiert werden, als das im allgemeinen in der Gemeinde möglich ist. Oder *war* es so? Ein Trend zu fachmännischer, das heißt aber bürokratischer Verwaltung ist selbst in einem Teil des Vereinslebens unverkennbar, etwa im Sport.

Selbstverwaltung als eine vom Staate abgetrennte Verwaltung, wie sie auch den Kirchen, den Universitäten, Trägern der Sozialversicherung zusteht, kann unter den heutigen Größenverhältnissen nicht bedeuten, daß alles von den Beteiligten „selbst“ erledigt und entschieden werde. Es kann nur bedeuten, daß diese Beteiligten — in gesetzlichen Grenzen — nach eigenen Gesetzen (Satzungsgewalt), durch von ihnen selbst Gewählte (Personalhoheit), Beauftragte und Kontrollierte handeln, daß ein möglichst großer Teil der so Beauftragten ehrenamtlich tätig und so mit der originalen Lage der ursprünglich Zuständigen aufs engste vertraut sei. Die Beteiligung des Laienelements enthält das Risiko *mangelnden* Sachverstandes. Der Architekt, der in Verwaltungsdingen unbeholfen ist, mag als Berater auf seinem Fachgebiet dem Stadtbaumeister — falls es einen gibt — mindestens ein fruchtbarer Gesprächspartner, vielleicht sogar ein überlegener Berater sein; er kann freilich auch ein bedenkenloser Interessent sein. Die Selbstverwaltung enthält Risiken und Chancen. Die Gefahren einer maschinellen Erledigung der öffentlichen Geschäfte durch einen scheinbar wohlgeölten Staatsapparat haben einige europäische Völker in den letzten Jahrzehnten bitter zu spüren bekommen. Die Revolte der sechziger und siebziger Jahre gegen den etablierten Apparat zeugte unter anderem auch von dem Willen, Verantwortung zu übernehmen. Die kommunale Selbstverwaltung ist noch immer einer der Orte, an denen Verantwortung gegeben und übernommen werden kann. Es ist doch wohl sinnvoller, diese Möglichkeit zu nutzen, als sie aus scheinbarer Vernunft abzubauen.

Freilich wird es dazu neuer Mittel und Methoden bedürfen. Auch der Freiherr vom Stein hat die Selbstverwaltung seiner Zeit nicht auf das Innungswesen gegründet. Wer heute nach neuen Formen sucht, ist ihm vielleicht näher als der, der kritiklos an Stein'schen Formeln festhält. Vielleicht hat er weiter gesehen, als man ihm zutraut. „Öffentlichkeit und wahre Vertretung" hat er als die Heilmittel für die Krankheit des Vaterlandes in seiner Zeit bezeichnet und das klingt erstaunlich modern. Öffentlichkeit, ein möglichst frühes, breites, nicht auf enge und engste Kreise beschränktes Gespräch wird von denen gefordert, die unsere öffentlichen Zustände als unbefriedigend empfinden. Sie kann nicht immer alle betreffen, weil nicht alle interessiert sind; aber die Gemeinde kann gewiß öfter einen größeren Kreis von Fachleuten für die gemeinsamen Dinge in Anspruch nehmen, als es heute geschieht. Umgekehrt ist richtig, daß die Bürgerschaft von den gebotenen Möglichkeiten zur Information und Mitwirkung nicht den Gebrauch macht, den sie davon machen könnte. Parteien, Bürgervereine und insbesondere die Presse bieten solche Möglichkeiten. Die führenden kommunalen Persönlichkeiten sind nach wie vor überdurchschnittlich bekannt, und sie wissen, warum sie sich nicht nur in Parteiversammlungen zeigen, sondern in Gesangvereinen, beim Fußballspiel, beim Karneval. Hier liegt doch noch ein Faktor der Integration über die Grenzen der Stadtteile hinaus — wahrscheinlich stärker als bei den vom Bürgermeister einzuberufenden Bürgerversammlungen, die einzelne Gemeindeordnungen vorsehen.

Da der Ratssaal eine zu kleine Zuhörertribüne hat und übrigens auch aus anderen Gründen, von denen noch die Rede sein wird, als Mittel zur Information der Bürgerschaft nicht voll geeignet ist, kommt der lokalen Presse die Funktion eines erweiterten Ratssaales zu. Sie kann informieren, sie kann sich zum Sprachrohr der Bürger machen, und sie läßt diese oft selbst zu Worte kommen. Diese Rolle wird wahrscheinlich unterschätzt[16]), wenn man in Enqueten prozentual festzustellen sucht, wie gut die Bürgerschaft

[16]) Z. B. Oswald, Überschätzte Stadt, S. 160 ff.

über bestimmte Probleme, über kommunale Ereignisse der letzten Zeit oder über wichtige Persönlichkeiten der Gemeinde informiert sei. Es ist nicht jeder an allem und zu jeder Zeit gleich interessiert. Aber der Lokalteil der Zeitung ist doch derjenige, der am meisten und mit der stärksten Anteilnahme gelesen wird. Daß die Möglichkeiten, die hier liegen, sowohl von den Zeitungen wie von den örtlichen Verwaltungen mit unterschiedlichem Geschick und Können benutzt werden, ist nicht zu leugnen. Insgesamt dürfte doch der Soziologe recht haben, der die Lokalzeitung zu den wirksamsten Integrationselementen der Gemeinde rechnet[17]) — und der an anderer Stelle zusammenfaßt: „Der Unterschied zwischen heute und früher liegt also nicht darin, daß die Gemeinde einmal eine wesentliche Funktion übte, die ihr im Laufe der Zeit mehr und mehr verlorengegangen wäre, sondern vielmehr in einer verschiedenen Einordnung der Gemeinde. War sie früher der weiteste sichtbare Zusammenhang überhaupt, so haben sich heute jenseits ihrer größere Systeme entfaltet, ohne daß sie selbst darum verschwunden wäre. Sie stellt vielmehr noch immer das bedeutendste intermediäre Sozialgebilde zwischen der Familie und gesellschaftlichen Großgebilden vom Typus der Nation dar"[18]).

Unter solchen Gesichtspunkten ist es gewiß ein Verlust, daß die durch andere Erwägungen nötig gemachte Verminderung der Zahl der Gemeinden unvermeidlich zu einer Halbierung der Zahl ehrenamtlich tätiger Bürger geführt hat. Sie wird im Endergebnis von rund 300 000 vor der Reform auf knapp 150 000 (die Bezirksvertreter nicht gerechnet) zurückgehen. Es ist nicht gering zu achten, was hier — zum Teil aus legitimer Freude an der Macht im Kleinen, in Einzelfällen gewiß auch aus Eigennutz, in der überwiegenden Mehrzahl aber aus Dienstbereitschaft — geleistet wird in einer Zeit, zu deren Beschwerden es gehört, daß der öffentliche Apparat immer komplizierter, undurchsichtiger und dem Bürger unzugänglicher wird.

[17]) König, S. 125.
[18]) König, S. 180.

In gewisser Weise stellt die Selbstverwaltung auch einen Schutz der — insbesondere politischen — Minderheiten dar. In den Gemeinden kommen oft andere Kräfte zum Zuge als im Staate, weil sich in anderen Räumen andere Mehrheiten bilden. Im späten Preußen, wo das Dreiklassenwahlrecht eine Schranke bildete, kamen in den Städten oft liberale, wenn auch kaum sozialistische Kräfte zur Wirkung, die von der „großen" Politik ausgeschlossen waren. In der Entstehungszeit der Bundesrepublik hat in vielen großen Städten die Sozialdemokratie ein Betätigungsfeld gefunden, während im Bund die CDU mit wechselnden Partnern regierte; das hat in bedeutsamer Weise der Gefahr einer Staatsverdrossenheit in der zweiten großen Partei entgegengewirkt.

2. Aufgaben

a) Allzuständigkeit

Ein amerikanischer Soziologe hat festgestellt, wenn irgendein neues Problem auftauche, so nehme der deutsche Bürger meistens automatisch an, die Stadtverwaltung sei das geeignete Organ, sich damit zu befassen[19]). Das mag so sein, und kommunale Beamte zitieren gelegentlich als alten Spruch: „Geht dir der Rat aus, geh' aufs Rathaus!" Das muß man nicht ohne weiteres als Zeichen für deutsche Behördengläubigkeit ansehen. Vielmehr spricht durchaus etwas dafür, daß die Gemeinde zunächst einmal „zuständig" sei, wenn es etwas zu regeln gibt. Denn die deutsche Gemeinde genießt das Privileg der Allzuständigkeit —[20]) sie ist am Ort zunächst für alle öffentlichen Aufgaben zuständig, die nicht durch Gesetz einer anderen Stelle zugewiesen sind. Das ist keineswegs selbstverständlich. In England, das oft als Mutterland der Selbstverwaltung gilt, kann die Gemeinde umgekehrt nur tun, was ihr durch all-

[19]) Roland L. Warren, Bürgerschaftliche Tätigkeit in einer deutschen Großstadt, Kölner Zs. f. Soziologie, 1957, S. 623.

[20]) Hierzu Wolfgang Kühn, Das Prinzip der Allzuständigkeit der Gemeinden, Diss. Münster 1971.

gemeines Gesetz oder durch einen besonderen Parlamentsbeschluß zugewiesen bzw. erlaubt ist; es gibt viele solcher Sondergesetze, die einer Stadt erlauben, z. B. eine Straßenbahn zu errichten oder ein Theater zu bauen. In Amerika gibt es besondere Behörden, auch mit eigener Steuerhoheit, für Schulfragen oder für Müllabfuhr. In Deutschland sind die örtlichen Aufgaben bei einer Verwaltung zusammengefaßt, ein Prinzip, um das uns schon mancher ausländische Besucher beneidet hat.

Es versteht sich aber aus der Natur der Dinge, daß auch in Deutschland der Kreis der Aufgaben, die anderen Stellen als der Gemeinde vorbehalten sind, groß ist. Ein kommunaler Bahnhof oder ein kommunales Postamt wären isoliert. Es sind, sinnvollerweise, nur die Fragen der *„örtlichen* Gemeinschaft", die der Gemeinde zugewiesen sind. Diese Angelegenheiten können von Ort zu Ort unterschiedlichen Umfang haben. Sie können sich auch zeitlich ändern. Es ist vorstellbar, daß man eines Tages in gewissen Regionen die Energieversorgung rechtlich als Angelegenheit einer überörtlichen Gemeinschaft behandeln wird, wo sie es faktisch schon sind. Es ist andererseits nach aller Erfahrung zu erwarten, daß der Gemeinde neue Aufgaben zuwachsen werden, in absehbarer Zeit z. B. in der Freizeitgestaltung und im Bildungswesen. Die Polizei ist wegen der Notwendigkeit einer überörtlichen Verbrechensbekämpfung in staatlicher Hand, obwohl sie zum Teil ausgesprochen örtliche Aufgaben hat. Aber die Gemeinden — oder die Kreise — nehmen allgemein die ordnungspolizeilichen Funktionen (Meldewesen u. a. m.) wahr, die früher von der Polizei ausgeübt wurden. So weit wie möglich soll sich der Staat zur Erfüllung seiner eigenen Aufgaben am Ort der Gemeinde als ausführenden Organs bedienen. Er soll keine Sonderbehörden einrichten, also z. B. kein eigenes Bauamt unterhalten, wo er vielleicht einmal im Jahrhundert ein Regierungspräsidium zu errichten hat. Aber dieser Grundsatz der „Einheit der Verwaltung" in der Ortsstufe wird nicht streng durchgehalten. Das bekannteste Beispiel für eigene örtliche Sonderbehörden des Staates ist das Finanzamt, das seinerseits gewisse Funktionen für die Gemeinde wahrnimmt. Die Staatsbauämter, wo sie bestehen, sind oft auch Hilfsstellen des Kreises als Baugenehmigungsbehörde. Die Einrichtungen der verschiedenen Verwaltungsstufen sind also in gewissem Grade miteinander verzahnt, wenn auch zwischen diesen Stufen Gegensätze nicht immer ausbleiben.

Die Beispiele zeigen, daß es in Deutschland verschiedene Arten von Gemeindeaufgaben gibt:

1. *Selbstverwaltungsaufgaben,* die die Gemeinden selbständig, nur unter der Rechtsaufsicht des Staates, erledigen. Dabei sind zu unterscheiden:
   a) *Pflichtaufgaben,* solche also, die die Gemeinden zwar selbständig erfüllen dürfen, aber jedenfalls zu erfüllen gesetzlich verpflichtet sind,
   b) *freiwillige Aufgaben,* deren Übernahme — im Rahmen ihrer Leistungsfähigkeit — den Gemeinden freigestellt ist.
2. *Auftragsangelegenheiten,* die die Gemeinden für den Staat zu erledigen haben. Hier werden sie vom Staate nicht nur rechtlich, sondern fachlich und nach Gesichtspunkten der Zweckmäßigkeit beaufsichtigt und unterliegen seinen Weisungen. Sie werden in einzelnen Ländern, z. B. in Nordrhein-Westfalen als „Pflichtaufgaben nach Weisung" bezeichnet, was nicht nur sprachlich „weicher" gefaßt ist, sondern eine bewußte Nuance zu Gunsten der Selbstverwaltung bedeutet.

Die deutsche Gemeinde hat also einen Doppelcharakter: sie ist Selbstverwaltungskörper und zugleich ausführendes Organ des Staates. Konsequenterweise kontrolliert die staatliche Aufsicht bei den eigentlichen Selbstverwaltungsangelegenheiten nur die Gesetzmäßigkeit, nicht die Zweckmäßigkeit einer Maßnahme. Ob also die Anlage eines Schwimmbades in einem kleineren Ort zweckmäßig ist, hat der Staat grundsätzlich nicht zu kontrollieren, wenn die Finanzierung ordnungsgemäß gesichert ist. Der Staat respektiert die Souveränität des Bürgers und des von ihm gewählten Rates in dem Rahmen, der ihnen gesetzlich eingeräumt ist. „Selbstverwaltung ist das Recht, auf eigene Kosten Dummheiten zu machen", lautet ein gern zitiertes Wort, dessen Urheber nicht mit Sicherheit festzustehen scheint; dem Oberbürgermeister von Essen, nachmaligen Reichskanzler Dr. Hans Luther wäre es zuzutrauen. Ein Mittel, die Gemeinde vor „Dummheiten“ zu bewahren und die abweichenden Vorstellungen der staatlichen Bürokratie durchzusetzen — der Kommunalmann mag erbittert sagen: eben deren Dummheiten! — gibt es aber doch. In vielen Fällen, z. B. beim Bau von Schulen, Stadien, Museen, bei der Veranstaltung von Ausstellungen u. a. m. gibt der Staat Zuschüsse — und er kann sie an die Erfüllung gewisser Bedingungen knüpfen. So erreicht er mit dem „goldenen Zügel“ einen Einfluß, der ihm nicht unbedingt zusteht, im Einzelfalle aber manchmal wohltätig sein mag. Bei den Aufgaben, die die Gemeinde im staatlichen Auftrage erfüllt, kann der Staat dagegen prüfen, ob die Erfüllung auch in zweckmäßiger Weise geschieht. Es kostet ja sein Geld. Allerdings wird von den Gemeinden oft beklagt und von objektiven Beobachtern bestätigt[21]), daß die staatliche Erstattung die der Gemeinde tatsächlich erwachsenden Kosten nicht decke.

Die den Gemeinden durch Gesetz verpflichtend auferlegten Aufgaben und die staatlichen Auftragsangelegenheiten nehmen zusammen den weitaus größten Teil der gemeindlichen Tätigkeit und des gemeindlichen Haushalts in Anspruch. Es bleibt ein verhältnismäßig geringer Raum für die wirklich freien Selbstverwaltungsaufgaben, in denen sich kommunale Initiative und Phantasie voll auswirken können. Insbesondere wird häufig beklagt, daß die staatlichen Auftragsangelegenheiten einen immer größeren Umfang annehmen und die Gemeinde in steigendem Maß zur staatlichen Ortsinstanz zu machen scheinen. Sicherlich gibt es Aufgaben, die der Staat vertrauensvoll den Gemeinden voll überlassen könnte. Die Zahl solcher Aufgaben sollte steigen, je mehr die Verwaltungsreform voll leistungsfähige Gemeinden entstehen läßt. Andererseits wird es der Gemeinde immer noch lieber sein, wenn bestimmte staatliche Aufgaben durch ihre eigenen, vom eigenen Rat kontrollierten Beamten und Angestellten erledigt werden, als wenn eine Fülle von Sonderbehörden die „Einheit der Verwal-

[21]) Z. B. Wolff, S. 215.

tung“ am Ort zerreißen und der Bürger ratlos vor einer immer größeren Zahl von Amtsstellen steht.

Die Abgrenzung der verschiedenen Aufgabenarten der Gemeinden ist in den einzelnen Bundesländern nicht vollkommen einheitlich; was hier Pflichtaufgabe, also Sache der Selbstverwaltung, ist, mag dort Pflichtaufgabe nach Weisung, also staatliche Auftragsangelegenheit, sein. Auch wird nicht jede Aufgabe, die den kreisfreien Städten zuzumuten ist, für die kreisangehörigen Gemeinden geeignet sein, so daß der Kreis zum Träger der Aufgabe wird.

Dem materiellen, finanziellen und personellen Umfang nach — abgesehen einmal von der Teilung in eigene Aufgaben und staatliche Weisungsaufgaben — treten in der Arbeit der größeren Gemeinde das Bauwesen (Tiefbau: Straßen- und Brückenbau, Hochbau: Wohnungs- und sonstiges Bauwesen), die soziale Fürsorge im weitesten Sinne, das Schulwesen, die öffentlichen Einrichtungen (Müllabfuhr, Schlachthöfe, Friedhöfe u. a. m.) sowie die öffentlichen Betriebe (Nahverkehr und Versorgung) besonders hervor.

b) Der eigene Wirkungskreis

Eine Vorstellung vom Umfang der gemeindlichen Aufgaben in ihrem „eigenen Wirkungskreis“, also von den Aufgaben, die in Selbstverwaltung erfüllt werden, gibt eine Aufzählung in Artikel 57 der Gemeindeordnung für den Freistaat Bayern:

> „(1) Im eigenen Wirkungskreis sollen die Gemeinden in den Grenzen ihrer Leistungsfähigkeit die öffentlichen Einrichtungen schaffen und erhalten, die nach den örtlichen Verhältnissen für das wirtschaftliche, soziale und kulturelle Wohl ihrer Einwohner erforderlich sind, insbesondere Einrichtungen zur Aufrechterhaltung der öffentlichen Sicherheit und Ordnung, der Feuersicherheit, der öffentlichen Reinlichkeit, des öffentlichen Verkehrs, der Gesundheit, der öffentlichen Wohlfahrtspflege einschließlich der Jugendfürsorge und Jugendpflege, des öffentlichen Unterrichts und der Erwachsenenbildung, der Jugendertüchtigung und der Kultur- und Archiv-

pflege. Die Verpflichtung, diese Aufgaben zu erfüllen, bestimmt sich nach den besonderen gesetzlichen Vorschriften.

(2) Die Gemeinden sind unbeschadet bestehender Verbindlichkeiten Dritter in den Grenzen ihrer Leistungsfähigkeit verpflichtet, die aus Gründen des öffentlichen Wohls erforderlichen Einrichtungen zur Versorgung mit Trinkwasser und zur Beseitigung des Abwassers, der Fäkalien und der Abfälle, mit Ausnahme solcher Abfälle, die sie nach ihrer Art oder Menge nicht mit den in Haushaltungen anfallenden Abfällen beseitigen können, herzustellen und zu unterhalten; die Vorschriften des Bayerischen Abfallgesetzes bleiben unberührt. Sonstige gesetzlich festgelegte Verpflichtungen der Gemeinden bleiben unberührt.

(3) Übersteigt eine Pflichtaufgabe die Leistungsfähigkeit einer Gemeinde, so ist die Aufgabe in kommunaler Zusammenarbeit zu erfüllen."

Was den Gemeinden hier aufgegeben wird, ist an die Bedürfnisse der Einwohner und an ihre, der Gemeinde, Leistungsfähigkeit gebunden. Das Ergebnis muß also unterschiedlich aussehen. Nicht jede Stadt braucht ein Hallenbad oder ein Theater. Kleinere Orte mögen gut tun, für die Unterhaltung einer leistungsfähigen Bücherei eine gemeinsame Einrichtung, etwa im Rahmen des Kreises, zu schaffen, oder sie unterhalten in Form eines Zweckverbandes ein gemeinsames Wasserwerk. Eine Großstadt, die den Charakter eines Einkaufszentrums für die Umgebung hat, mag eher Parkhäuser benötigen als eine gleich große mit geringerem Einzugsgebiet. Außerordentlich groß sind natürlich die Unterschiede des Bedarfs im Verkehr, also an Straßen und Nahverkehrsmitteln, Straßenbahn- und Autobuslinien, in sehr großen Städten Untergrundbahnen.

Die Gesamtheit der Leistungen, die eine Gemeinde, im besonderen eine Stadt, zur Ermöglichung des gesellschaftlichen Lebens bereitstellt, Verkehrs- und Wirtschaftseinrichtungen, Schulen in einem oft sehr differenzierten System, sonstige kulturelle Einrichtungen wie Büchereien, Volkshochschulen, Museen, Theater, soziale Werke wie Kindergärten, Jugend- und Altersheime, Krankenhäuser u. a.

m. — alles das faßt man heute gern unter dem Begriff der „*Infrastruktur*"[22]) zusammen. Sie bilden die Voraussetzungen, unter denen das Leben bei den komplizierten Bedingungen der modernen Zivilisation überhaupt erst geführt werden kann. Selbst der reichste Individualist könnte sich nur in gewissem Grade davon frei machen; für den Durchschnittsbürger, gar für den Hilfsbedürftigen sind sie unerläßlich. In welchem Grade sie als selbstverständlich gelten, wurde deutlich, als der Wissenschaftsrat in seiner ersten Denkschrift über den Ausbau der Hochschulen 1960 feststellte, in Städten, die für die Errichtung neuer Hochschulen in Frage kämen, müsse „ein von entsprechenden Einrichtungen getragenes kulturelles Leben bereits vorhanden" sein; dergleichen gab es im Göttingen von 1737 gewiß nicht.

Alle diese Leistungen werden von der Gemeinde erwartet, und sie werden überwiegend auch heute örtlich organisiert, wenn auch zum Teil in überörtlicher Kooperation. Die Unerläßlichkeit einer lokalen Verwaltung ist unverkennbar, aber doch auch das Interesse, das der Bürger an einem unmittelbaren, wenigstens kontrollierenden Einfluß auf diese Leistungen hat. Spätestens wenn sie versagen, wird das Interesse spürbar. Ein Teil der Leistungen hängt von der Geschlossenheit des Systems ab. Man kann nicht zulassen, daß ein einzelner Hausbesitzer sich von der Müllabfuhr oder von der Kanalisation ausschließt und daß damit ein Seuchenherd entsteht. Die Gemeinde wird also durch ein Ortsgesetz, eine Satzung, einen Benutzungszwang für die Müllabfuhr anordnen, die sie in eigener Regie einrichtet oder, seltener, durch einen Unternehmer betreiben läßt. Auch zwei konkurrierende Elektrizitätsnetze nebeneinander wären mindestens unrationell; für das kommunale Werk wird das Lieferungsmonopol beansprucht. Wiederum wird deutlich, daß der Bürger daran interessiert sein muß, auf dieses Monopol — und seine Tarifgestaltung — einzuwirken; ähnlich liegt es bei den Verkehrsbetrieben. Dem An-

[22]) Siehe dazu Werner Kelm, Über den Begriff der Infrastruktur, DST 1968, S. 358 f.

schluß*zwang* entspricht ein Benutzungs*recht* des Bürgers. Manche Stadt hat es vom Gericht bestätigt bekommen, wenn sie der Ortsgruppe einer politisch nicht genehmen, aber nicht verbotenen Partei die Benutzung des städtischen Saalbaus verweigern wollte.

In gewissem Umfange kann die Stadt bei einzelnen dieser Aufgaben die individuelle oder eher noch die korporativ organisierte Hilfe ihrer Bürger in Anspruch nehmen. Damit wird die Tatsache, daß die Gemeinde unter anderem auch eine Korporation von Korporationen ist, konkret. Ein erheblicher Teil der Krankenhausbetten (1974 waren es 254 000 von 717 000 insgesamt) steht in „freien gemeinnützigen", überwiegend konfessionellen Krankenhäusern. Das hat natürlich weltanschauliche Gründe, aber auch betriebswirtschaftliche: konfessionelle Krankenhäuser arbeiten u. U. billiger, etwa weil sie in Ordensschwestern billigeres Personal zur Verfügung haben. Gelegentlich ist auch ein privater Verein Träger eines Museums, einer Volkshochschule, einer Konzertreihe. Aber die Stadt wird in solchen Fällen finanziell oder auch mit Verwaltungspersonal helfen müssen; es geht da mehr um die Beteiligung des Bürgers als um eine Entlastung der Stadt.

Auf sozialem Gebiet ist die Gemeinde durch staatliches Gesetz genötigt, freien Vereinigungen den Vortritt zu lassen, wenn eine Aufgabe von diesen zureichend erfüllt werden kann. Ein Kindergarten, ein Altenheim wird oft von Vereinigungen verschiedener weltanschaulicher Observanz unterhalten. Die Gemeinde muß sich zurückhalten, ist aber an der Finanzierung kräftig beteiligt. Es liegt auf der Hand, daß ein solches Verhältnis sich nicht immer ganz reibungslos gestaltet. Das politische Verständnis der Subsidiarität spielt dabei ebenso eine Rolle wie Ehrgeiz und Sachverstand der auf beiden Seiten beteiligten Fachkräfte.

Es kann auch vorkommen, daß die Stadt nicht an das ideelle, humanitäre, kulturelle, sondern an das geschäftliche Interesse ihrer Bürger appelliert. Statt selbst Parkhäuser für den wachsenden City-Verkehr zu bauen, mag sie die Kaufhäuser und sonstige Geschäftsleute, die diesen Verkehr zu einem erheblichen Teil anziehen, zum Parkhausbau bewegen.

Nicht nur die Vielfalt dieser Selbstverwaltungsaufgaben, auch ihre Variabilität nach unterschiedlichen Größen und Strukturen, die notwendige Anpassung an Veränderungen des Bedarfs verlangen von der Gemeinde in ihren Selbstverwaltungsaufgaben „Aufspüren aktueller öffentlicher Bedürfnisse, ihre Koordinierung und Befriedigung ohne Befehl oder gar Zwang durch Anregung privater Initiative, Rat und finanzielle oder tätige Unterstützung wie durch Schaffung und Organisation geeigneter Einrichtungen in öffentlich-rechtlicher oder privatrechtlicher Form"[23]). Der Zwang zur Initiative und die rasche Entscheidungsmöglichkeit einer Verwaltung, die Entschluß und Vollzug in sich vereinigt, können die Kommunalverwaltung zum Vorreiter des Staates machen, dessen Versuche Vorbild endgültiger und allgemein verbindlicher Regelungen werden. Das hat sich u. a. im Schulwesen häufig erwiesen, so in der „Erfindung" und Entwicklung der Schulspeisung und schulhygienischer Maßnahmen, im Aufbau des beruflichen Bildungswesens[24]). Ein besonders aktuelles Beispiel für die Notwendigkeit, die Funktionen der kommunalen Verwaltungen neuen Erfordernissen anzupassen, bietet der Umweltschutz, wo die technische und zivilisatorische Entwicklung am Ort wirksame Vorsorge für die Lebensgrundlagen des Menschen z. B. bei Luft und Wasser nötig macht. Gerade hier bedarf es eines engen Zusammenwirkens zwischen Staat und Gemeinde, auch einer wirkungsvollen und praktikablen Verteilung der Aufgaben, die von der künftigen Funktionalreform erwartet werden muß.

c) Im Auftrag des Staates

Es ist legitim, daß die Gemeinde auch als örtliche Instanz des Staates tätig wird — erwünscht im Interesse des Bürgers, dem daran liegen muß, mit möglichst wenig Amtsstellen, am liebsten nur mit einer, dem Rat, zu tun zu

[23]) Wolff, S. 188.
[24]) Näheres bei Hans Heckel, Die Städte und ihre Schulen, Stuttgart 1959.

haben. Der Grad, in dem die Gemeinde, wenn sie im Auftrage des Staates handelt, in Einzelheiten vom Staate mit Anweisungen dirigiert wird, ist länderweise verschieden. Die Tendenz geht grundsätzlich dahin, auch auf diesem Gebiete die Selbständigkeit der Gemeinden zu stärken. Dazu gehört, daß die Gemeindebeamten auch bei der Erfüllung staatlicher Aufgaben der Kontrolle ihrer Anstellungskörperschaft, also des Rates, unterliegen. Ausgenommen sind Sonderfälle, in denen die leitenden Beamten zur Geheimhaltung verpflichtet sind, also insbesondere in Verteidigungsangelegenheiten. Der Bürger wird am Schalter oder Schreibtisch, den er im Rathaus aufsucht, kaum merken, ob er nun über eine Selbstverwaltungssache der Gemeinde oder über eine staatliche Auftragsangelegenheit verhandelt. Aber „er hält sich" an die Gemeinde.

Ein Katalog der Auftragsangelegenheiten kann in allgemein zutreffender Form nicht gegeben werden, da diese in den einzelnen Ländern und auch da nicht pauschal, sondern durch Einzelgesetze geregelt sind, jeweils in dem sachlichen Zusammenhang. Es könnte also in einem Medizinalgesetz gesagt werden, daß die Gesundheitsämter (z. B. mit den regelmäßigen Impfungen), in einem Ordnungsgesetz, daß das Paß- und Meldewesen von den Gemeinden (bzw. von den Landkreisen) als Auftragsangelegenheit wahrzunehmen seien. Was die Gesundheitsämter angeht, so ist das in den einzelnen Bundesländern unterschiedlich geregelt; es gibt staatliche und kommunale. In solchen Fällen muß dann, wie die Gemeindeordnungen vorsehen, das Land der Gemeinde die Kosten erstatten oder, wie es gelegentlich auch heißt, die Kostenfrage „regeln" — und diese Regelung könnte im schärfsten Falle lauten: die Gemeinde trägt die Kosten. Auch wenn dieser Fall im allgemeinen nicht eintreten wird, liegt hier natürlich eine Konfliktmöglichkeit, die bei den alljährlichen Verhandlungen über den Finanzausgleich zwischen Land und Gemeinden wieder virulent zu werden droht.

Beispiele für Auftrags- bzw. Weisungsangelegenheiten gibt Wolff[25]): „Ordnungsangelegenheiten auf den Ge-

[25]) Wolff, S. 225.

bieten des Gewerbe-, Verkehrs-, Wege- und Wasserwesens, die Obdachlosenunterbringung, die Lebensmittelüberwachung, Gesundheits-, Impf- und Unterbringungsangelegenheiten, Melde-, Paß-, Staatsangehörigkeits-, Personenstands- und Namenssachen, Schulsachen, Veterinärsachen und Tierkörperverwertung, Wohnsiedlungs-, Wohnungs- und Wohnungsbauförderungssachen sowie Lastenausgleich, Flüchtlingsbetreuung, Wehrerfassung und ziviler Bevölkerungsschutz." Auch diese Beispiele sind mit einer gewissen Vorsicht zu lesen, weil in einigen Fällen nicht in vollem Umfange von Auftrags- bzw. Weisungsaufgaben gesprochen werden kann. So ist die Wohnungsbauförderung, soweit dabei eigene Mittel der Gemeinde eingesetzt werden, Selbstverwaltungssache; das trifft nicht selten in erheblichem Umfange zu. Im Schulwesen ist das bedeutende Gebiet des Schul*baus* Selbstverwaltungssache.

Einige der von Wolff aufgezählten Gegenstände machen deutlich, weshalb die Auftragsangelegenheiten nach dem Kriege einen so bedeutenden Umfang angenommen haben. Bei der Flüchtlingsbetreuung, beim Lastenausgleich, bei der Wohnungsbauförderung handelte es sich großenteils um unmittelbare oder mittelbare Kriegsfolgen, doch auch um Aufgaben, die mit der Zeit als erledigt auslaufen sollen, so daß schon deshalb der Aufbau besonderer Behörden dafür unzweckmäßig gewesen wäre. Auch handelte es sich zum Teil um Vorgänge, bei denen Vertrautheit mit örtlichen Verhältnissen und gegebenenfalls auch Personen unerläßlich war und ist, während andererseits gewisse einheitliche Maßstäbe, etwa in der Bewilligung öffentlicher Kredite, nicht entbehrt werden konnten. Es war also natürlich, daß der Staat sich hier der Gemeinden bediente. Gerade in diesen Zusammenhängen sind von kommunalen Dienststellen auch große staatliche Mittel als Beihilfen und Darlehen verantwortlich vergeben worden. Ein fachmännisches Urteil würde gewiß besagen, daß die Gemeinden und ihr Personal sich bei diesen großenteils improvisierten Funktionen im wesentlichen voll bewährt haben.

d) Beispiel: Daseinsvorsorge

Durch die Bereitstellung von Straßen und Verkehrsmitteln, von Wasser und Energie schafft die Gemeinde dem einzelnen Bürger und der Wirtschaft erst die Möglichkeit, unter modernen Verhältnissen zu existieren und zu arbeiten. Sie treibt, nach einem Ausdruck Ernst Forsthoffs, Daseinsvorsorge. Ob man diesen Begriff, wie es neuerdings gelegentlich geschieht, auch auf kulturelle Einrichtungen ausdehnen soll, etwa auf Büchereien, ist umstritten, obwohl freilich Bildung und ihre ständige Ergänzung immer deutlicher eine Voraussetzung wenigstens gehobener Existenz in unserer Gesellschaft sind.

Die Befriedigung der hier in erster Linie angesprochenen Bedürfnisse könnte grundsätzlich auch in privatwirtschaftlicher Form geschehen, wie denn auch eine Reihe industrieller Werke sich selbst mit Elektrizität, in Sonderfällen mit Wasser versorgen. Andererseits kann die Energieversorgung verstaatlicht werden, wie das englische Beispiel zeigt. Aber im Zweifelsfall — und das gilt international — wird man von der örtlichen Verwaltung erwarten, daß sie in irgendeiner Weise für die Befriedigung dieser Bedürfnisse eintritt. Während in England von den „Fabiern“[26]) um das Ehepaar Webb, George Bernard Shaw u. a. um die Jahrhundertwende der „Munizipalsozialismus“ gefordert und theoretisch begründet wurde, haben zahlreiche deutsche Städte ihn praktiziert, zum Teil unter Führung konservativ oder liberal, jedenfalls nicht sozialistisch gesinnter Stadtratsmehrheiten und Oberbürgermeister.

Wie andere gesellschaftliche Leistungen der Gemeinde — etwa im Schulwesen — haben die Hilfen der Gemeinde auf diesem Gebiet unmißverständlich politische Bedeutung. Das wird sehr klar, wenn diese Leistungen versagen. Der Ausfall von Strom und Wasser in einem Hochhaus, gar in einem dicht bevölkerten Stadtteil kann katastrophale Folgen haben. Nicht nur in New York hat man die hygienischen Gefahren einer Unterbrechung der Müllabfuhr zu spüren bekommen. Unsere städtische Zivilisation bezahlt

[26]) Hierzu Edgar Reichel, Der Sozialismus der Fabier, Heidelberg 1947.

ihren Leistungsstand mit einer geschichtlich unbekannten Verletzlichkeit, und das macht sie anfällig für Erpressungen. Forsthoff[27]) spricht von der Gefahr einer Konversion der Daseinsvorsorge in Machtmittel. „Diese Konversion tritt dann ein, wenn der Staat oder ein sonstiger Träger öffentlicher Verwaltung daseinswichtige Leistungen davon abhängig macht, daß der auf die Leistung angewiesene Einzelne eine Verpflichtung übernimmt und erfüllt, auf die die öffentliche Verwaltung keinen Anspruch hat. Diese Konversion der Daseinsvorsorge in Herrschaftsmittel ... wäre das gefährlichste Attentat auf die individuelle Freiheit." Das Attentat braucht nicht vom Staat oder sonstigen Trägern öffentlicher Verwaltung auszugehen. Ein zentralisiertes Elektrizitätsnetz kann ein Ansatzpunkt für die Technik der Revolution sein. Die Gefahr mag dadurch gemildert werden, daß ein Verbundnetz nicht nur von einer Schaltstelle aus regiert wird, sondern daß ein sogar internationales System der Ergänzung und Aushilfe besteht. Doch ist der Gedanke an die hier liegenden Gefahren als Argument für die Erhaltung einzelner kommunaler Elektrizitätswerke an Stelle eines — betriebswirtschaftlich vielleicht rationelleren — zentralisierten Netzes benutzt worden. Der Streit ist hier nicht zu entscheiden. Es soll nur deutlich werden, in welch hohem Maße kommunale, scheinbar rein technische Entscheidungen politischen Charakter haben können.

Für alle Leistungen der Gemeinde in der Daseinsvorsorge gilt der allgemeine Grundsatz, daß sie nach wirtschaftlichen Gesichtspunkten erbracht werden sollen. Das bedeutet aber nicht das Erwirtschaften von Gewinn. So erheben die Gemeinden für die „Einrichtungen", die sie ihren Bürgern zur Verfügung stellen (Straßenbeleuchtung, Straßenreinigung, Stadtentwässerung, Müllabfuhr, Feuerwehr und Rettungsdienste, Schlachthof, Friedhöfe), Gebühren. Sie sollen nur die Kosten decken, was sie aber nicht immer tun. Dann trägt den Rest der allgemeine Haushalt und damit der Steuerzahler. Bei den kommunalen Krankenhäusern, wohl

[27]) Forsthoff, Die Daseinsvorsorge der Kommune, Köln 1958, S. 9. — Vgl. dazu Gröttrup, S. 63—79.

den kostspieligsten kommunalen Einrichtungen, werden die laufenden Kosten zum großen Teil durch die Krankenkassen über sogenannte Pflegesätze getragen. Daher der oft harte Kampf zwischen den beiden Partnern, was für die medizinische Versorgung unter ökonomischen Gesichtspunkten bezahlt werden soll. Anders als die Einrichtungen sollen die gemeindlichen Unternehmen, — das sind vor allen Dingen die Versorgungs- und Verkehrsbetriebe —, einen Gewinn erwirtschaften, und, wenn möglich, auch den Stadtsäckel füllen helfen. Doch das ist oft nur ein stiller Wunsch der Kämmerer. Die Verkehrsbetriebe sind überwiegend zuschußbedürftig, während das Elektrizitätswerk einen Überschuß erbringt und vielleicht das Wasserwerk die Badeanstalten „über Wasser" hält. Die Forderung, die Elektrizitätsversorgung zu privatisieren, würde deshalb darauf hinauslaufen, aus einem Teig die Rosinen herauszupicken und der Öffentlichkeit zu überlassen, wie sie mit dem trockenen Rest fertig wird.

Die öffentlichen Einrichtungen liegen im allgemeinen unmittelbar in der Regie der Gemeinde. Dagegen hat man für die Betriebe besondere Rechtsformen entwickelt, um ihnen eine größere Beweglichkeit in der Betriebsführung und in der Anpassung an die wirtschaftlichen Verhältnisse zu ermöglichen. Der „Eigenbetrieb" genießt in diesem Sinne verstärkte Selbständigkeit, unterliegt aber voll der Aufsicht und den Anweisungen des Rates (z. B. in der Tarifpolitik). In den letzten Jahren hat sich die Tendenz gezeigt, den wirtschaftlichen Betrieben der Gemeinde private Rechtsformen, etwa als Aktiengesellschaft, zu geben; sie bleiben zwar im Besitz der Gemeinde, treten aber im Haushalt allenfalls mit dem Saldo ihrer Beträge in Erscheinung. Der „Beigeordnete", der den Eigenbetrieb verwaltete, wird zum „Generaldirektor" der AG. Den Aufsichtsrat bilden Beauftragte des Rates. Nicht alle Kommunalpolitiker sehen diese Entwicklung mit reiner Freude. Sie befürchten davon eine allzu weitgehende Emanzipierung der Wirtschaftsbetriebe und sehen die Versuchung für den Rat, unpopuläre Entscheidungen, insbesondere in Tariffragen, von sich in andere, öffentlich weniger scharf kontrollierte Gremien abzuschieben.

Einen drastischen Schritt zur Lösung der Energieversorgung von der Gemeinde bedeutet der Anschluß an ein Gemeinschaftsunternehmen. Strom, Gas oder Wasser werden dann von einem solchen Unternehmen bezogen; entweder übernimmt die Gemeinde selbst die Verteilung an die Haushalte und die sonstigen — gewerblichen, industriellen u. a. — Abnehmer oder sie überträgt auch sie, die Verteilung, dem Gemeinschaftsunternehmen, das die Form einer privatrechtlichen Gesellschaft, Aktiengesellschaft oder Gesellschaft mit beschränkter Haftung, zu haben pflegt. Die Gemeinde ist mit einem gewissen Anteil an diesem Unternehmen beteiligt, je nach der Größe dieses Anteils auch in dessen Organen vertreten. Privates Kapital beherrscht einen anderen Teil des Unternehmens, insbesondere natürlich soweit es an der Produktion der Energie beteiligt ist (bei der Elektrizität z. B. Braunkohlewerke). Ein solcher Zusammenschluß kann betriebswirtschaftliche Vorteile bringen. Die Erfahrung spricht andererseits dafür, daß selbst in solchen Gemeinschaftsunternehmen, in denen eine kommunale Kapitalmehrheit besteht, der kommunale Einfluß abnimmt und die privatwirtschaftlichen Gesichtspunkte überwiegen. Der Rat wird zwar die oft unpopuläre Last der Tarifgestaltung los, aber er begibt sich auch der Möglichkeit einer individuellen, auf die wirtschaftlichen und sozialen Bedürfnisse der eigenen Gemeinde abgestimmten Tarifpolitik[28]).

Die Entscheidung zwischen den für die kommunale Versorgungsbetriebe zur Wahl stehenden Rechts- und Wirtschaftsformen, auch der Übergang zu einer anderen als der bisherigen, hat also erhebliches Gewicht; wirtschaftliche, kommunalpolitische, allgemein politische, ja sogar politisch-weltanschauliche Gesichtspunkte spielen dabei eine Rolle. Insbesondere unter dem Gesichtspunkt der Regionalplanung und angesichts des Zuges zur Kernenergie verzahnen sich hier auch kommunale und staatliche Interessen.

Unverkennbar ist, trotz fortbestehender Bindungen, eine gewisse Emanzipation der Sparkassen von den Gemeinden. Sie sind als deren Hilfseinrichtungen für das örtliche Ge-

[28]) Hierzu Stern/Püttner, insbesondere S. 102 ff.

werbe und für wirtschaftlich schwächere Kreise entstanden und genießen eine kommunale Garantie, die einen moralischen Rückhalt bedeutet, aber materiell kaum je in Anspruch genommen wird. Sie haben sich aber in Geschäftsumfang und Geschäftsgebaren dem privaten Bankwesen weitgehend angeglichen. Das hat Konsequenzen für ihre Rechtsstellung, im besonderen für ihre steuerliche Behandlung, gehabt. Doch halten beide Seiten, die Sparkassen selbst und die Gemeinden, die ihre Gewährträger sind, an ihrer Verbundenheit fest, und die Gemeinden sind entsprechend in den Aufsichtsgremien der Sparkassen vertreten. Nach wie vor gilt für die Sparkassen das Territorialprinzip, sie sind also in ihrer Tätigkeit grundsätzlich auf das Gebiet des Gewährträgers, der Gemeinde oder des Kreises, beschränkt. (Daraus ergibt sich, daß bei Eingemeindungen auch bei den Sparkassen organisatorische Konsequenzen zu ziehen sind.) Doch haben sie durch das von ihnen gemeinsam aufgebaute Girosystem Anschluß an das allgemeine Geld- und Kreditsystem. Der örtlichen Wirtschaft besonders nahe verbunden, stellen die Sparkassen den Gemeinden einen Teil des bei ihnen gesammelten Kapitals als Anleihen zur Verfügung; sie sind jedoch nicht die einzigen Darlehensgeber der Gemeinden und geben ihre Mittel auch nach anderen Seiten bankmäßig aus.

e) Beispiel: Kultur

Daß die Gemeinde neben ihren Aufgaben der materiellen Daseinsvorsorge auch einen kulturellen Auftrag habe, ist — jedenfalls in Deutschland — nicht ernsthaft umstritten[29]).

Daß sie so wenig wie andere kollektive Körper Kultur hervorbringen kann, ist selbstverständlich. Daß sie Kultur pflegen und fördern soll, ergibt sich schon daraus, daß sie wie keine andere Organisationsform Nähe zum Einzelnen mit Verwaltungskraft verbindet. Im Zeichen notwendiger

[29]) Einzelheiten zum Folgenden bei Beer, Schwerpunkte kommunaler Kulturpolitik, Stuttgart 1968. — Zum Grundsätzlichen vgl. Dieter Sauberzweig, Die menschliche Stadt als kulturpolitische Aufgabe, in: „Plädoyers für eine neue Kulturpolitik“, hrsg. von Olaf Schwencke u. a., München 1974.

Demokratisierung der Kultur ist ihre ausgleichende Funktion unentbehrlich. Selbst wenn Reichtum und guter Wille Einzelner ausreichten, müßte in unserem geschichtlichen Zeitpunkt der Zugang zur Kultur individueller Zufälligkeit entzogen werden.

Die kommunale Kulturarbeit hat auf ihren beiden Feldern, im Schulwesen und in der Pflege von Kunst und Volksbildung, lange Zeit einen gewissen *sozialpolitischen* Zug gehabt. Sie war bestrebt, Einzelschäden zu heilen, dem einzelnen benachteiligten Menschen zu helfen. Das kam zum Ausdruck etwa in der Bereitstellung gebührenfreier Elementarschulen für Kinder, deren Eltern kein Schulgeld aufbringen und sich keine Hauslehrer halten konnten, später in den Sonntags- und Fortbildungsschulen, aus denen sich in Deutschland das berufsbildende Schulwesen entwickelte, andererseits in Schulspeisung, Schulgesundheitspflege und ähnlichen nun schon deutlich sozialpolitischen Maßnahmen. Ein Ruhmesblatt solcher Fürsorge für die benachteiligten Jugendlichen ist das Zeugnis des Verbandes deutscher Hilfsschulen: „Das heilpädagogische Sonderschulwesen ist eine Schöpfung der deutschen Städte[30]).“

Volksbüchereien und Volkshochschulen, oft aus der Initiative einzelner oder in Vereinen zusammengeschlossener Bürger entstanden, aber über kurz oder lang in die kontinuierliche Sorge der Gemeinde übernommen, bildeten das Gegenstück für die Erwachsenen. Sie waren zunächst Hilfen für Leute, die sich Bücher nicht leisten konnten oder Lücken ihrer Schulbildung füllen wollten. Eine moderne Stadtbücherei, in der Nachschlagewerke bis an die Grenze der Wissenschaft bereitstehen, in der eine anspruchsvolle Diskothek den Musikliebhaber erwartet, läßt von solchen Ursprüngen nichts mehr ahnen. Neben die soziale Hilfsfunktion, die fortbesteht, ja an Umfang und Qualität erweitert und verfeinert worden ist und wird, tritt immer stärker, immer bewußter gesehen, die anspruchsvollere Absicht, die Gesellschaft in ihrer Struktur zu verändern[31]).

[30]) Heckel, Die Städte und ihre Schulen, S. 40.

[31]) Vgl. in diesem Zusammenhange den von Hilmar Hoffmann hrsg. Sammelband „Perspektiven der kommunalen Kulturpolitik“, edition suhrkamp, Bd. 718, 1974.

Das geschieht aus weltanschaulich verschiedenen Antrieben. Veränderung der Gesellschaft ist nicht — oder nicht mehr — allein marxistisches Ziel, wie die Vokabel nahelegen könnte. Die christliche Sozialethik beider großen Konfessionen strebt ebenfalls nach solcher Veränderung. An vielen Orten, in vielen Gruppen der Gesellschaft hat sich international eine Elite, oft mit individualistisch-liberalen Motiven, zum Sprecher eines solchen Willens gemacht. Alles das wirkt in die Gemeinde hinein. Gerade die Kulturpflege der Gemeinde steht in den gesellschaftlichen Veränderungen, im weltanschaulichen Pluralismus. Sie erlebt die Forderungen nach unmittelbarer Demokratie, nach einer Mitwirkung der Beteiligten, auch auf diesem Gebiet; die Lenkung und Überwachung durch den Rat der Stadt wird nicht immer als ausreichende öffentliche Mitwirkung empfunden. Inmitten dieser Spannungen soll die Kulturpflege der Gemeinde gewiß nicht wie ein von verschiedenen Winden hin- und hergerissenes Schiff treiben. So wird diese Aufgabe umfangreicher, schwieriger — und reizvoller.

Es gibt kaum ein anderes Gebiet, auf dem der Staat und die Gemeinde so eng zusammenwirken wie im *Schulwesen.* Ein oft zitiertes Wort des Staatsrechtlers Gerhard Anschütz besagt: „Die Gemeinde baut der Schule das Haus; Herr im Haus ist der Staat." Das ist eine hilfreiche Formel, aber sie vereinfacht zu sehr. In der Tat baut in der weitaus überwiegenden Zahl der Fälle die Gemeinde das Schulhaus, aber sie bleibt auch weiter dafür verantwortlich, sie ist „Schulträger". Und fast alles, was der Schulträger tut, wirkt auf das ein, was im Hause geschieht. Durchweg freilich bestimmt der Staat (das Land) den inneren Aufbau und die Lehrpläne der Schulen, fast durchweg ist er der Dienstherr der Lehrer. Aber die Gemeinde baut das Haus nicht nur. Sie gibt ihm den Namen und kann damit eine örtliche Beziehung herstellen, sie stattet es mit Lehrmitteln aus. Es bedarf keines Beweises, daß die bauliche Qualität der Schule, ihre Versorgung mit Büchern, Landkarten, naturwissenschaftlichem Material, mit Turn- und Sportgeräten usw. für ihre Leistungsfähigkeit auf dem vom Staate bestimmten Gebiet von hoher Bedeutung sind. Umgekehrt räumt der Staat in einzelnen Ländern, z. B. im volkreichsten Bundesland Nordrhein-Westfalen, den Gemeinden ein Vorschlagsrecht bei der Auswahl der Lehrer, im besonderen auch der Schulleiter, ein. Wiederum ist deutlich, daß es für den Geist der Schule für Jahrzehnte bestimmend sein kann, ob der Direktor vorwiegend ein Mann der klassischen Bildung, ein Vorkämpfer der Naturwissenschaften oder vielleicht ein Freund musischer und sportlicher Übungen ist, obwohl er als Chef einer Schule natürlich zwischen alledem einen Ausgleich suchen muß. Das Land bedarf des guten Willens der Schulträger bei Schulversuchen, wie sie in der Nachkriegszeit vielfältig erforderlich wurden und zur Zeit aktueller sind denn je. In Nordrhein-Westfalen hat das Land darauf verzichtet, zur Aufsicht über die Volksschulen in der unteren Instanz eigene Behörden einzurichten. Es bestehen vielmehr staatliche Schulämter *bei* den Gemeinden bzw. Landkreisen, die dafür Personal und Räume zur Verfügung stellen. Große Städte stellen nicht selten sogar die fachlichen Aufsichtskräfte, Schulräte, die in dieser Eigenschaft dem Staat unterstehen, aber die Stadt bei ihrer Schulpolitik sachverständig beraten. Diese Schulpolitik führt oft zu eigenen Vorschlägen und Maßnahmen der Gemeinden, zu einer Verfeinerung des Sonderschulwesens, das körperlich und anderweitig behinderten Kindern behilflich ist, zum Einsatz von Schulbussen, zu verstärkter ärztlicher Betreuung, zur Einrichtung eines beratenden Schulpsychologischen Dienstes, zur Errichtung von Bildstellen für Zwecke des Unterrichts. Es besteht also im Schulwesen so etwas wie ein Kondominium zwischen Staat und Gemeinde. Das kommt finanziell in der Tatsache zum Ausdruck, daß die Länder etwa 60 v. H., die Gemeinden etwa 40 v. H. der Kosten für das Schulwesen aufbringen (wobei die Stadtstaaten voll auf die staatliche Seite gerechnet sind).

In der Pflege der *Künste* und der *Erwachsenenbildung* — häufig heißt das: der Weiterbildung junger Erwachsener, hilfsweise auch zu schulischen Abschlüssen — steht die Gemeinde, vorwiegend die Stadt, vor der Schwierigkeit eines gewissermaßen doppelten Pluralismus: eines horizontalen und eines vertikalen. Der *horizontale* Pluralismus bezieht sich auf die verschiedenen Weltanschauungen, die zum Teil eigene kulturelle Einrichtungen haben (z. B. konfessionelle Büchereien) oder Einfluß beanspruchen (etwa auf den Theaterspielplan), aber auch auf andere Vereine und Organisationen kulturpolitischen Interesses. Das kann für einen recht weiten Kreis gelten, etwa für Gewerkschaften. Mit dem Begriff *„vertikaler* Pluralismus" soll der unterschiedliche Anspruch verschiedener Bildungsschichten angedeutet werden. Die einen wünschen das „absurde Theater", die anderen würden am liebsten nur Operetten hören. Die einen suchen entspannende Lektüre, die anderen ein fachliches Nachschlagewerk. Auch das gehört zur Komplikation der kommunalen Kulturpflege. Da die Gemeinden nicht zur Gesinnungs- oder Geschmackszensur über ihre Bürger berufen sind, müssen sie ein breites Angebot machen.

Die Büchereien — noch längst nicht so stark entwickelt wie in den nordeuropäischen und den angelsächsischen Ländern, aber doch deutlich in der Ausdehnung begriffen — haben die Aufgabe des Zeitvertreibs längst hinter sich gelassen, bieten aber nach wie vor unterhaltende Lektüre an; sie sind mit der Einhaltung einer „unteren Grenze" auf diesem Gebiete strenger als etwa die englischen. Sie haben den Bestand an Kinder- und Jugendbüchern stark ausgebaut. Sie sehen aber immer stärker ihre Aufgabe in einem umfassenden Informationsauftrag. Deshalb halten sie Fachbücher bis in die Nähe der Wissenschaft bereit, in zunehmendem Umfange auch Zeitschriften. Durch den allmählichen Aufbau eines interkommunalen Leihverkehrs und damit eine Spezialisierung einzelner Büchereien suchen sie sich gegenseitig zu ergänzen. So kommen sie der angelsächsischen Vorstellung der „Public Library", die „Volksbücherei" und wissenschaftliche Bücherei in sich vereinigt, näher. Dazu gehört, daß sie durch Schallplatten und Notensammlung einen neuen Benutzerkreis ansprechen.

Daß große Städte ihren Volkshochschulen eigene Gebäude geben, sie also nicht mehr auf die abendliche Benutzung von Schulräumen verweisen und daß sie diese Bauten an die verkehrsreichsten Plätze ihrer City, damit übrigens auf sehr teuren Boden, stellen, hat einen guten Sinn. Die Volksbildung will nicht, nicht mehr, neben dem „Leben" stehen, sie will nicht abseits der „harten Wirklichkeit" eine ganz anders geartete Freizeit der „Innerlichkeit" gestalten. Sie will sich und ihre Mitwirkenden — möglichst nicht nur passiv Hörenden — mit eben dieser Wirklichkeit konfrontieren. Auch geht es nicht nur darum, den Teilnehmer an der Erwachsenenbildung zur Selbsttätigkeit im Sprechen, Spielen, Musizieren, Filmen usw. anzuleiten. Der Mensch soll insgesamt auf ein aktives Verhältnis zur Umwelt hingewiesen werden, soll die gesellschaftlichen und wirtschaftlichen Wandlungen der Welt so verstehen lernen, daß er aus der Rolle des bloßen Objektes hinaustreten kann. Dazu gehört — von der Gemeinde als Träger der Volkshochschule gesehen — auch, daß der Bürger die Gemeinde selbst in ihrer Funktion und in ihren Wandlungen kennen lernt, nicht nur im Sinne einer blassen Verwaltungskunde.

Noch immer beanspruchen die Theater (und mit ihnen die Orchester) den Löwenanteil der kommunalen Kulturausgaben im engeren Sinne. (Die Schule kostet ein Mehrfaches aller sonstigen Kulturausgaben zusammen.) Das ist ein international unvergleichbarer Zustand, obwohl verschiedene Staaten allmählich dem deutschen Beispiel des öffentlich geförderten Kulturtheaters folgen. Andererseits treten Theater und Orchester stärker aus ihrer einstigen repräsentativen Rolle heraus und nehmen aktiven Anteil an den Bestrebungen der Volksbildung, die neue Gesellschaftsschichten erreichen wollen. Sie sind auch bemüht, der zeitgenössischen Kunst Raum zu geben; aber es muß zugegeben werden, daß es ihnen vom Publikum nicht leicht gemacht wird.

Dies sind nur Beispiele für die allgemeine Entwicklung der kommunalen Kulturarbeit. Es kann nicht im einzelnen von der Förderung der Museen, der Musikschulen und -hochschulen und von vielen anderen Bemühungen die Rede sein. Es soll nur deutlich werden, in welcher Richtung diese Arbeit sich entwickelt und daß sie an Ausdehnung gewinnt. Dabei wird in steigendem Maße versucht, die eigene Aktivität der Bürger, insbesondere auch in den einzelnen Stadtteilen zu aktivieren. Auch versucht man, die Kunst aus ihren repräsentativen Häusern, wie Theatern und Museen, herauszuführen und an den Bürger heranzubringen, durch

Schauspielgruppen, die in Vororten auftreten, durch Ausstellungen moderner Kunst und durch deren Inanspruchnahme für die Belebung des Straßenbildes (nicht immer ohne bürgerschaftlichen Widerspruch).

Schon erreicht diese Kulturpflege — wiederum ohne Schule — in manchem städtischen Haushalt einen Anteil von 10 v. H. Mit wachsender Freizeit und steigendem Bildungsgrad der Bevölkerung werden die Ansprüche an diesen Teil der kommunalen Arbeit steigen. Hier scheint ein besonders markantes Beispiel dafür gegeben zu sein, daß die Gemeinden zwar oft gewisse Aufgaben an zentrale Stellen abgeben, daß sie aber immer wieder auch neue Aufgaben gewinnen oder bestehende zu erweitern genötigt sind. In der Kunst- und Kulturpflege leisten die Gemeinden finanziell ebenso viel wie Bund und Länder zusammen; diese Angabe ist nicht einmal ganz zutreffend, weil auch hier die Stadtstaaten voll in die staatliche Statistik einbezogen sind. Man kann also sagen, daß die kommunale Leistung auf diesem Gebiet eindeutig über der staatlichen liegt.

Es wird leicht übersehen, daß die wichtigste Kulturaufgabe der Gemeinde zugleich die umfassendste ist und sich fast mit dem Inhalt der kommunalen Arbeit deckt: das ist die Selbstgestaltung der Stadt. Jeder Straßenzug, jedes öffentliche Gebäude, jedes Denkmal, jeder Brunnen, jeder Park entscheidet zu einem Stück über Uniformierung oder Individualisierung der Stadt, macht sie dem Bürger vertraut, fügt ein Stück zu dem Gesamtbilde, das die lebende Generation den kommenden hinterläßt und von diesen geliebt oder verworfen werden wird. Das Erscheinungsbild der Stadt beeinflußt auch das Geschmacksniveau ihrer Bürger — zum Guten oder zum Schlechten.

3. Gewicht und Gegengewicht

a) Gemeindeordnungen

Da die Gemeinden nach dem Grundgesetz das Recht haben, „alle Angelegenheiten der örtlichen Gemeinschaft im Rahmen der Gesetze in eigener Verantwortung zu regeln“, müssen sie Organe haben, mit deren Hilfe sie dieses Recht wahrnehmen. Zu diesen Organen muß, ebenfalls nach dem Grundgesetz, eine Volksvertretung gehören, die aus allgemeinen, unmittelbaren, freien, gleichen und geheimen Wahlen hervorgegangen ist. Da die Gemeinden aber nicht wie „Stadtrepubliken“ frei im Raume schweben, sondern mit der Gesamtheit des Staates verbunden sind, muß auch diese Beziehung geregelt werden. Diesen Aufgaben dienen die Gemeindeordnungen, die von den Parlamenten der Länder erlassen worden sind.

Die Länder sind, dem föderalistischen Aufbau der Bundesrepublik entsprechend, dafür zuständig. Daraus ergeben sich gewisse Unterschiede, wie sie übrigens auch früher schon bestanden haben. Allein im Staate Preußen galten bis 1935 acht Städte- und Gemeindeordnungen[32]), und selbstverständlich hatten auch die anderen Gliedstaaten des alten Deutschen Reiches entsprechende Gesetze. Dieser Zustand wurde als unbefriedigend empfunden, je mehr die Teile des Reiches untereinander in Beziehung traten. Das traf besonders die Wirtschaft. Ein Kaufmann aus Frankfurt an der Oder, der ein Rechtsgeschäft mit der Stadt Frankfurt am Main abzuschließen hatte, mußte sich erst vergewissern, welche Stelle für den Abschluß mit ihm zuständig und zeichnungsberechtigt sei. So bemühten sich verschiedene Stellen darum, ein einheitliches kommunales Verfassungsrecht für Deutschland zu schaffen, und als der Nationalsozialismus 1933 die Macht ergriff, lag ein entsprechender Gesetzentwurf in den ministeriellen Schubladen. Er brauchte nur an den entsprechenden Stellen mit dem „Führerprinzip“ ausgestattet zu werden und wurde so aus einem demokratischen in ein autoritäres Gesetz „umfunktioniert“. Umgekehrt konnte nach dem Zusammenbruch der nationalsozialistischen Diktatur ein recht brauchbares Instrument der kommunalen Arbeit hergestellt werden, indem man das aufgepfropfte „Führerprinzip“ aus der Gemeindeordnung wieder herausoperierte.

Auf diese Weise haben wir heute in den Ländern der Bundesrepublik Deutschland Gemeindeordnungen, die sinn-

[32]) Krebsbach, Städteordnung, S. 20.

gemäß, teilweise auch im Wortlaut, weitgehend übereinstimmen. Aber diese Übereinstimmung trifft zwar für weite Teile des Verwaltungsablaufs, der wirtschaftlichen und finanziellen Gebarung der Gemeinden, in gewissem Grade auch für die staatliche Aufsicht zu; aber sie findet ihre Grenze da, wo politische Überlegungen Platz greifen, bei der sogenannten „inneren Gemeindeverfassung", die das Verhältnis der verschiedenen gemeindlichen Organe, insbesondere das zwischen dem gewählten Rat hier, der Verwaltung und ihrem Chef auf der anderen Seite, regelt. Das ist ein entscheidender Punkt, weil unter den heutigen Größenverhältnissen „Selbstverwaltung" in den meisten Fällen ein Zusammenwirken zwischen ehrenamtlichen und berufsamtlichen Kräften erforderlich macht; die Gewichtsverteilung zwischen ihnen ist eine zentrale politische Frage. Sie ist in den verschiedenen Bundesländern unterschiedlich beantwortet worden, teils auf Grund landschaftlicher Traditionen, teils auf Grund von Einflüssen, die in der Besatzungszeit nach dem Kriege wirksam wurden (doch geht freilich auch ein Teil jener Traditionen auf noch älteres „Besatzungsrecht" zurück — auf die französische Okkupation der Rheinlande in der Zeit der Großen Revolution und Napoleons). Diese Unterschiedlichkeit, die also nur mit Vorbehalt dem heutigen Föderalismus angelastet werden kann, wirkt auf Außenstehende begreiflicherweise nicht selten verwirrend. Man darf annehmen, daß ein großer Teil, vielleicht der überwiegende Teil der Bevölkerung von diesen Unterschieden keine Kenntnis nimmt; für sie ist Rathaus gleich Rathaus. Damit hat sie sogar in gewissem Grade recht. Es hat sich eine Praxis herausgebildet, in der die verschiedenen Systeme verhältnismäßig einheitlich funktionieren, und nicht einmal illegitimerweise, weil ihnen allen der Gedanke der Volkssouveränität zu Grunde liegt. Auch geht unter leitenden Gemeindebeamten die Rede, man müsse mit jeder Gemeindeverfassung arbeiten können; und sie beweisen es, indem sie ohne Schwierigkeiten von einem Bundesland ins andere wandern. Die Bestrebungen, eine einheitliche Deutsche Gemeindeordnung zu schaffen, sind damit nicht erledigt; ob sie in absehbarer Zeit zu einem Ergebnis führen werden, sei dahingestellt. Die Tatsache, daß der moderne Staat im Grunde einen einheitlichen Instanzenzug von der Gemeinde über die Länder zum Bund (und umgekehrt) verlangt, daß z. B. der Bund für die Gesetzgebung in Fragen der Sicherheit genau wissen muß, wem und welcher Stelle er bestimmte Aufgaben anvertraut, mag dafür sprechen. Aber die Kraft der grundsätzlichen Überzeugungen und der politischen Interessen, die hinter den unterschiedlichen Regelungen steht, ist nicht zu unterschätzen.

Daß der Wille der Bevölkerung letzten Endes das Gemeindegeschehen bestimmen soll, ist die selbstverständliche Voraussetzung aller Gemeindeordnungen. Dieser Wille kann sich heute praktisch nicht in einer Vollversammlung der Bürger konkretisieren. Eine vom Volke gewählte Versammlung — Vertretung, Rat, Stadtverordnete — muß im Sinne der repräsentativen Demokratie für das souveräne Volk handeln. Aber auch diese Korporation bedarf ausführender Organe; und damit entsteht jenes Problem der Verteilung von Kompetenzen und Gewichten.

Das Organ, das den Willen des Rates zu vollstrecken hat, bezeichnet man als Gemeindevorstand; er kann eine Person sein (Gemeindevorsteher, Bürgermeister, Oberbürgermeister) oder ein Gremium (Magistrat). Rat und Gemeindevorstand stehen sich nicht wie Parlament und Regierung gegenüber, wovon noch die Rede sein wird. Der Rat hat nicht nur wie ein Parlament Recht zu setzen, er trifft auch Verwaltungsentscheidungen im einzelnen. Der Gemeindevorstand ist eng an die Aufträge des Rates gebunden. Er kann aber, je größer die Verhältnisse sind, desto weniger in jeder Einzelfrage die Entscheidung des Rates herbeiführen; der Rat der Stadt München kann nicht über jeden Fürsorgefall entscheiden. Der Gemeindevorstand und das ihm unterstehende Personal müssen also realistischerweise gewisse selbständige Funktionen haben, sei es, daß sie ihm gesetzlich zugewiesen sind, sei es, daß der Gemeinderat sie ihm durch eigenen Beschluß zuweist. Es zeigt sich, daß der Begriff „Verwaltung“ in einem doppelten Sinne gebraucht wird. Er bezeichnet zunächst die Gesamtheit der kommunalen Tätigkeit, für die letzten Endes der vom Volke gewählte Rat zuständig und verantwortlich ist. Er bedeutet andererseits den „Apparat“ von Personen, der — in den meisten Fällen hauptamtlich, aber auch ehrenamtlich — die Arbeit im einzelnen zu leisten hat. Steht er unter dem Rat, als dessen Instrument, oder neben ihm, mit eigener Kompetenz? Das ist vereinfacht gesagt, die Frage, die die „innere Gemeindeverfassung“ beantwortet.

Man unterscheidet monistische und dualistische Gemeindeverfassungen, je nachdem, ob sie den Rat als die *alleinige* Quelle aller gemeindlichen Entscheidungen ansehen oder ob dem Gemeindevorstand in gewissem Umfange eigene Kompetenzen gegeben sind. Da aber das praktische Leben sein Recht, d. h. die Entscheidungsmöglichkeit des „Apparats“ in zahlreichen konkreten Fällen, verlangt, sind „die Prinzipien monistischer Gemeindeverfassungen nirgendwo mehr klar und bis zur letzten Konsequenz verwirklicht“, obwohl z. B. die Gemeindeordnung für das Land Nordrhein-Westfalen in § 28 apodiktisch sagt: „Der Rat der Gemeinde ist für alle Angelegenheiten der Gemeindeverwaltung zuständig.“

Diese subtile Gewichtsverteilung, die verfassungstheoretisch gewichtiger als verwaltungspraktisch erscheint, konkretisiert sich in einer Mehrzahl von Verfassungstypen, die nun freilich doch erkennbare Unterschiede aufweisen. Sie werden nach außen besonders deutlich in der Stellung des Vorsitzenden der Gemeindevertretung einerseits, des „Verwaltungsleiters“ andererseits. Zwischen diesen beiden Gestalten können folgende Funktionen in verschiedener Weise verteilt werden: Vorsitz im Rat, Repräsentation der Stadt, Leitung der Verwaltung. Es können aber auch alle drei Funktionen auf eine Person konzentriert sein.

b) Süddeutsche Ratsverfassung

Bei dieser in Bayern und Baden-Württemberg geltenden Verfassungsform ist die Stellung des Gemeindevorstandes und Verwaltungsleiters (Bürgermeisters) besonders stark. Alle drei vorgenannten Funktionen liegen bei ihm. Er ist Vorsitzender des Rats, Repräsentant der Stadt und Leiter der Verwaltung. Seine Stellung wird zusätzlich dadurch verstärkt, daß er nicht vom Rat, sondern von der Bevölkerung gewählt wird; obgleich er also gewissermaßen autonom in den — ebenfalls von der Bevölkerung gewählten — Rat hineinkommt, sitzt er ihm vor, und zwar mit vollem Stimmrecht. Er vertritt ferner die Gemeinde nach außen und unterzeichnet Erklärungen, die die Gemeinde verpflichten (Verträge u. a. m.); diese Vollmacht kann für Geschäfte kleineren Umfangs auf andere Bedienstete der Gemeinde übertragen werden. Der Bürgermeister führt die Dienstaufsicht über die Beamten, Angestellten und Arbeiter der Gemeinde. Er ist befugt, an Stelle des Gemeinderates oder eines seiner Ausschüsse dringliche Geschäfte zu erledigen; er hat dem Rat oder dem Ausschuß in der nächsten Sitzung davon Kenntnis zu geben, braucht aber keine nachträgliche Genehmigung. Bei alledem bleibt der Bürgermeister Vollzugsorgan des Gemeinderates. Aber er hat auch einen eigenen Zuständigkeitsbereich. Da sind zunächst die in allen Gemeindeverfassungen wiederkehrenden „einfachen Geschäfte der laufenden Verwaltung". Deren Umfang richtet sich in gewissem Grade nach der Größe der Gemeinde. Was in München oder Stuttgart ein einfaches Geschäft der laufenden Verwaltung ist, mag in einer Kleinstadt, schon des finanziellen Gewichts wegen, ein Vorgang sein, den sich der Rat nicht entziehen lassen würde. Auch für jene nicht leicht abgrenzbaren „einfachen Geschäfte der laufenden Verwaltung" kann der Gemeinderat dem Bürgermeister übrigens Richtlinien geben. Dagegen ist der Verwaltungsleiter selbständig in den Angelegenheiten der Verteidigung (z. B. Wehrerfassung) und des Schutzes der Zivilbevölkerung, die der Bund den Gemeinden überträgt, und allgemein in Sachen des Bundes und der Länder, die aus Sicherheitsgründen geheimzuhalten sind.

Zur Abrundung des Bildes dieser Verfassungsform ist zu sagen, daß der Rat weitere Bürgermeister (ehrenamtliche oder hauptamtliche) wählen kann, insbesondere aber auch fachkundige Leiter für die einzelnen Abteilungen der Gemeindeverwaltung, also etwa Bauwesen, Sozialhilfe, Schule, Kulturpflege. Diese gelten — jedenfalls in Bayern — selbst als Mitglieder des Gemeinderates, haben freilich nur beratende Stimme, und auch nur in Fragen ihres Fachbereiches. Nicht zuletzt wegen dieses unmittelbaren Zusammenwirkens ehrenamtlicher und berufsamtlicher Kräfte gilt die süddeutsche, speziell die bayerische Ratsverfassung manchem Kenner als die, unter deutschen Verhältnissen, ideale Form der Gemeindeverfassung.

Freilich wird häufig an der Volkswahl des Ersten Bürgermeisters (Oberbürgermeisters) Kritik geübt, nicht so sehr, weil man ihm diese zusätzliche Verstärkung seiner Position gegenüber dem Rat und den Parteien neidete, sondern eher, weil man fürchtet, daß die Volkswahl zu unsachgemäßen, emotional bestimmten Entscheidungen führen könne. Die Furcht vor dem plebiszitären Element bestimmt ja auch sonst unsere Verfassungsgestaltung, nicht zuletzt im Grundgesetz des Bundes. Erfahrungen der Weimarer Zeit lassen solche Sorgen gewiß nicht einfach sinnlos erscheinen. Aber in der Nachkriegszeit hat die Volkswahl der Bürgermeister, soweit sich das übersehen läßt, oft überzeugende Ergebnisse gebracht, und zwar im Sinne der Bevorzugung sachlich ausgewiesener Kandidaten. Es kam vor, daß gegen einen ausgesprochenen Politiker ohne größere Verwaltungserfahrung ein Fachmann derselben Partei zum Zuge kam. Verschiedentlich erhielten parteipolitisch ungebundene Fachleute eine Chance. Die Stimmzahlen für qualifizierte Bürgermeisterkandidaten lagen bisweilen über denen ihrer Partei, auch wenn beide Wahlen gleichzeitig stattfanden. Gelegentlich wurden die sonst in der Stadt bestehenden parteipolitischen Zahlenverhältnisse umgekehrt, aber nicht etwa zu Gunsten eines reinen Demagogen. Insgesamt scheint die Volkswahl des Bürgermeisters die Mündigkeit des Bürgers bestätigt zu haben. In einer Zeit, in der Unruhe über das Maß der Mediatisierung und Manipulierung des Bürgers zu spüren ist, sollte man mit der Abschaffung eines korrigierenden Elements unmittelbarer Demokratie vorsichtig sein.

c) (Rheinische) Bürgermeisterverfassung

Obwohl sie nur noch in einem Teil der ehemals politisch verbundenen „Rheinlande“ gilt, spricht man aus historischen Gründen gern von der „rheinischen“ Bürgermeisterverfassung, einer Form, in der das „dualistische“ Prinzip der Trennung von beschließendem und ausführendem Gemeindeorgan besonders deutlich angelegt ist. Es ist die Verfassungsform, unter der die oft berufenen „großen rheinischen Oberbürgermeister“ der Generation Adenauer, Lehr, Jarres u. a. ihre Städte mit fester Hand geleitet haben. Manche meinen, Adenauer habe hier sein autoritäres Verständnis der Demokratie gewonnen. Die kräftige Stellung des Bürgermeisters ist ein Erbe des französischen Einflusses in der Zeit der Revolutionskriege; der „maire“ ist sein Vorbild. In der Form, in der die Bürgermeisterverfassung heute in Rheinland-Pfalz und im Saarland gilt, hat sie deutliche Anklänge an die süddeutsche Stadtratsverfassung. Die Hervorhebung des Bürgermeisters gilt auch hier: er ist Repräsentant der Stadt, Vorsitzender des Rates und Leiter der Verwaltung. Er wird aber vom Stadtrat gewählt, nicht von der Bevölkerung. Seine Vorgesetztenstellung gegenüber den Dienstkräften der Gemeinde ist schärfer ausgeprägt, die Beigeordneten, also die Leiter der Verwaltungsabteilungen, sind an seine Weisungen gebunden. Sie sind nicht, wie die beruflichen Stadträte in Bayern, beratende Mitglieder des Rats und können ihre etwa von der des Bürgermeisters abweichende Auffassung nur in dem zuständigen Ausschuß vortragen. Ihre dem deutschen Sprachempfinden etwas fremde Bezeichnung, die aber ins allgemeine Gemeinderecht übergegangen ist, leitet sich auch vom französischen Herkommen ab; der Beigeordnete ist der „maire adjoint“, der „beigeordnete Bürgermeister“.

d) Norddeutsche Ratsverfassung

Die Gemeindeverfassung, die heute mit gewissen Varianten in den Ländern Nordrhein-Westfalen und Niedersachsen gilt, wird immer noch gelegentlich als die „englische“ bezeichnet. Das ist unzutreffend, obwohl sie sich in der Tat aus einer von der englischen Besatzungsmacht nach dem Zweiten Weltkriege oktroyierten Form entwickelt hat. Wie auch die anderen, jedenfalls die westlichen, Besatzungsmächte war England entschlossen, nach der Niederwerfung des Nationalsozialismus das politische Leben in Deutschland von der kommunalen Wurzel aus zu entwickeln und nach der Diktatur dem Prinzip der Volkssouveränität nachdrücklich Geltung zu verschaffen. Im stolzen Gefühl der eigenen Tradition bediente man sich dabei stärker als die Verbündeten des zu Hause bestehenden Systems und brachte damit ganz neue Elemente in das deutsche Gemeindeleben, soweit es sich in der britisch besetzten Zone abspielte[33]). Man zog nicht etwa in Erwägung, an die vorhitlerische Tradition anzuknüpfen, wie das in der amerikanischen und der französischen Besatzungszone geschah; schien doch die alte rheinische Bürgermeisterverfassung selbst allzu autoritäre Züge zu enthalten. So galt es vor allem, der Vertretung der Bürgerschaft, dem Rat, den entschiedenen Vorrang vor den beamteten Kräften der Verwaltung zu geben. Der § 27 der nordrhein-westfälischen Gemeindeordnung

> (1) Die Verwaltung der Gemeinde wird ausschließlich durch den Willen der Bürgerschaft bestimmt.
> (2) Die Bürgerschaft wird durch den Rat vertreten ...

drückt diesen Grundsatz noch immer deutlich aus. Die Gemeindeordnungen Nordrhein-Westfalens und Niedersachsens sind die am entschiedensten „monistischen", die es in der Bundesrepublik gibt. Der Vorrang des Rates vor der Verwaltung wurde von der englischen Besatzungsbehörde sinnbildlich dadurch zum Ausdruck gebracht, daß sein Vorsitzender den Titel Bürgermeister, in kreisfreien Städten Oberbürgermeister, erhielt — jene Bezeichnung also, die in Deutschland seit langer Zeit dem Chef der Verwaltung zugestanden hatte. In England trägt der Ratsvorsitzende den Titel „mayor", und entsprechend wurde in Deutschland verfahren. Der Verwaltungschef wurde als Gemeindedirektor (in Städten Stadtdirektor, in kreisfreien Städten Oberstadtdirektor) bezeichnet; er galt als die Entsprechung zu dem englischen „town clerk", was ursprünglich den Stadtschreiber bezeichnet. Einen solchen hat es in den deutschen Städten des Mittelalters, als die Zünfte den ehren-

[33]) Während Frankreich als Besatzungsmacht im Schulwesen, z. B. mit dem Zentralabitur, auf die heimischen Einrichtungen zurückgriff.

amtlichen Bürgermeister untereinander aushandelten, ebenfalls gegeben. Das englische Bestreben, das heimische Modell möglichst in jeder Einzelheit auf Deutschland zu übertragen, ging so weit, daß ein — übrigens der Labour Party angehörender — Innenminister den kommunalen Vertretern eindringlich empfahl, auch die Symbole der Volkssouveränität wie Amtsketten und Perücken zu übernehmen — was in der damaligen Notzeit mit einer Mischung von Erstaunen und Heiterkeit aufgenommen wurde.

Die erzwungene Rezeption eines Systems, das von den Urhebern in der Tat als „englisches" gemeint war, führte zu einer Verwirrung der Begriffe, die bis heute nicht voll überwunden ist. Der deutsche Bürger war daran gewöhnt, den Bürgermeister als Leiter der Stadtverwaltung zu sehen und sich mit entsprechenden Fragen und Anliegen an ihn zu wenden. Daß hinter diesem Titel nun der Mann stand, den er früher als Stadtverordnetenvorsteher oder ähnlich gekannt hatte, ist ihm lange nicht eingegangen, und das hat die Verwaltung in den schwierigen Jahren des Neubeginns gelegentlich einigermaßen belastet. Der ehrenamtliche (Ober)bürgermeister, der nach englischer Vorstellung Vorsitzender des Rates und Repräsentant der Stadt sein sollte, brachte es nicht immer über sich, schlicht abzulehnen, wenn er — fälschlich — als Leiter der Verwaltung in Anspruch genommen wurde. Der wirkliche Verwaltungsleiter dagegen, der (Oberstadtdirektor), andererseits konnte es aus der Tradition des deutschen kommunalen Berufsbeamtentums schwer verwinden, daß nicht er die Stadt repräsentativ zu vertreten hatte. So entstand ein Antagonismus der beiden Figuren, der bis heute nachwirkt. Die Bürgerschaft wiederum sah die Stadtverwaltung als „doppelköpfig" an — was nicht gemeint war; gemeint war die „einköpfige" Herrschaft des Rats. Aber das allmählich wieder aufblühende Vereinswesen etwa fühlte sich nur ausreichend honoriert, wenn sowohl der Oberbürgermeister wie der Oberstadtdirektor zu einer wichtigen Veranstaltung erschienen; und beide ließen sich diese Schätzung gefallen. Kurz, weder der Repräsentant war bereit, nur zu repräsentieren, noch der Beamte, im Sinne des britischen „civil service" unauffällig wie ein Schatten hinter die Repräsentation der Bürgerschaft zurückzutreten. Ferner gewann das Amt des Oberbürgermeisters ein immer stärkeres Eigengewicht, indem sein Inhaber sich nicht nur als Sprecher des Rates empfand, sondern eigene Kompetenzen entwikkelte, auch gern von Jahr zu Jahr wiedergewählt wurde und mit der dauerhaften Amtszeit zunehmend Sachkunde erwarb. Das ist grundverschieden von der Praxis in England, wo das Ehrenamt des mayor normalerweise von Jahr zu Jahr wechselt und dabei übrigens auch die verschiedenen Parteien oder parteilose Stadträte turnusmäßig dieses Amt besetzen. Aus diesen Voraussetzungen hat sich in Nordrhein-Westfalen ein Gemeindeverfassungssystem entwickelt, das von dem ursprünglichen englischen Vorbild nicht unerheblich abweicht und das in gewisser Weise auch ein interessantes Beispiel für den Unterschied von geschriebener Verfassung und Verfassungswirklichkeit bietet.

„Der Rat der Gemeinde ist für alle Angelegenheiten der Gemeindeverwaltung zuständig" (Gemeindeordnung für das Land Nordrhein-Westfalen, § 28). Aber er kann gewisse Angelegenheiten — zu denen nicht die wichtigsten, Haushalt, Verfügung über das Vermögen der Gemeinde, Wahl der leitenden Beamten, gehören — auf seine Ausschüsse oder sogar auf den Gemeindedirektor übertragen. Die „einfachen Geschäfte der laufenden Verwaltung" gelten gesetzlich als im Namen des Rates auf den Gemeindedirektor übertragen; doch kann der Rat das für einen bestimmten Geschäftskreis oder auch für einen Einzelfall widerrufen und sich die Entscheidung vorbehalten. So ergibt sich für die Tagespraxis ein Zustand, der dem unter anderen Gemeindeverfassungen recht ähnlich ist, wenn auch der Verwaltungsleiter mit seinem Apparat dem Gemeinderat ideell deutlicher und konsequenter unterstellt sein mag. Aber wie in allen anderen Gemeindeordnungen ist der Gemeindedirektor auch hier verpflichtet, rechtswidrige Beschlüsse des Rates zu beanstanden. Das Grundprinzip von Gewicht und Gegengewicht, das für alle Gemeindeordnungen gilt, herrscht auch in der norddeutschen Ratsverfassung, also in den Gemeinden Nordrhein-Westfalens und Niedersachsens. Nicht der Verwaltungschef also, sondern der Ratsvorsitzende führt den Titel Bürgermeister (Oberbürgermeister).

Aber dieser ist nach der Konzeption der Gemeindeordnung kein selbständiges Gemeindeorgan, das etwa der Verwaltung Anweisungen geben könnte; das ist dem Rat als ganzen vorbehalten.

Die Veränderung, die sich innerhalb dieses Systems gegenüber dem ursprünglichen englischen „Import" vollzogen hat, kommt merkwürdigerweise darin zum Ausdruck, daß sich die Stellung der *beiden* augenfälligen Figuren, des Bürgermeisters und des Gemeindedirektors, verstärkt hat. Insbesondere dadurch ist eine eigene, in gewissem Grade neue Gemeindeverfassungsform entstanden, die so nirgends geschrieben steht.

In Niedersachsen gilt die sog. modifizierte Ratsverfassung, auch Verwaltungsausschußverfassung genannt, wegen des zwischen Rat und Gemeinde-/Stadtdirektor als weiteres Organ eingeschalteten Verwaltungsausschusses. Dieser besteht aus dem Bürgermeister als Vorsitzendem und zwei bis zehn Ratsherren, den Beigeordneten, sowie dem Gemeinde-/Stadtdirektor mit beratender Stimme. Der Verwaltungsausschuß beschließt über alle Angelegenheiten, die nicht dem Rat vorbehalten sind und bereitet die Beschlüsse des Rates vor (§ 57 NGO).

Wie schon gesagt, ist der ehrenamtliche Bürgermeister (Oberbürgermeister) in Deutschland nicht zu einer jährlich wechselnden Figur geworden. Er wird für die Dauer der Wahlperiode — in Nordrhein-Westfalen fünf Jahre — gewählt; und wenn seine Partei bei der nächsten Wahl wiedergewählt wird, hat er gute Chancen, ebenfalls in seinem Amt bestätigt zu werden. Für einen qualifizierten Mann — Frauen kommen auch hier nach wie vor selten zum Zuge — der immer mehr Erfahrung und Sachkenntnis erwirbt, kann es kaum reizvoll sein, viele Jahre, vielleicht Jahrzehnte hindurch eine rein repräsentative Funktion auszuüben, insbesondere dann nicht, wenn diese Funktion seine Zeit und Kraft in hohem Maße ausfüllt. Im Einzelfall sind die Voraussetzungen unterschiedlich, und so haben sich denn auch Varianten des Bürgermeisters neuer Prägung entwickelt. Oft beschränkt er sich auf die ihm ursprünglich zugedachte Funktion des Ratsvorsitzenden. Nicht selten aber ist er zu der eigentlich bestimmenden kommunalpolitischen Figur geworden, zu dem Mann, der die Ziele der Planung und Entwicklung setzt, der an Sachverstand dem „gelernten“ Verwaltungsleiter (Gemeindedirektor, Stadtdirektor, Oberstadtdirektor) mindestens gleichkommt. Das kann insbesondere zutreffen, wenn der Oberbürgermeister durch mehrfache Wiederwahl eine lange Amtszeit und damit immer mehr Einblick und Sachverstand entwickelt. Vielleicht ist er ein Berufspolitiker, dessen Lebensunterhalt durch eine Kombination von Ämtern (Landtagsmandat u. a. m.) gesichert ist; auch der Bürgermeister erhält eine, nach Größe der Gemeinde bzw. Stadt bemessene Aufwandsentschädigung. Vielleicht ist er Pensionär (in der einen oder anderen Ruhrstadt z. B. Berginvalide), der als solcher Muße hat, einen großen Teil des Tages im Rathaus zu verbringen. Vielleicht ist er ein erfolgreicher Unternehmer, der seine privaten Geschäfte bereits in großem Umfange durch Nachkommen oder Mitarbeiter betreiben lassen kann. Vielleicht ist er auch einfach ein Mann, der sich zwischen zwei Pflichten, der privaten und der öffentlichen, zerreißt. So nähert sich dieser Typ des Bürgermeisters in gewissem Sinne jenem der mittelalterlichen deutschen Stadt mit ihrem freilich bedeutend kleineren Geschäftsumfange. Gelegentlich ist diese Figur übrigens auch in England vorgebildet worden, z. B. durch den berühmten Bürgermeister von Birmingham, Josef Chamberlain, in den siebziger Jahren des vorigen Jahrhunderts. Es ist jedoch deutlich, daß eine so starke Figur der englischen Konzeption nicht eigentlich entspricht, und es ist begreiflich, daß sie dem eigentlichen Verwaltungsleiter, dem Gemeindedirektor (Stadtdirektor, Oberstadtdirektor), gelegentlich *zu* stark vorkommt.

Aber auch dieser Verwaltungsleiter hat in Deutschland eine stärkere Position gewonnen als sein Vorbild, der englische „town clerk“. Der nämlich ist ursprünglich, wie es auch seine Amtsbezeichnung ausdrückt, nichts als der Stadtschreiber, der Protokollführer des Rats, und als solcher nicht mehr als andere städtische Bedienstete. Nur allmählich hat er sich wenigstens zu einem „primus inter pares“ entwickelt, aber er ist weit entfernt von der klaren Vorgesetztenstellung des deutschen Gemeindedirektors, die er ihm gelegentlich neidet. Selbstverständlich gibt es zahlreiche Fälle, in denen der Gemeindedirektor in Nordrhein-Westfalen oder Niedersachsen die kommunalpolitisch maßgebende Figur ist, weil er an Sachverstand und Erfahrung überlegen ist, weil der Oberbürgermeister sich bewußt auf die ihm ursprünglich zugedachte Rolle des Ratsvorsitzenden beschränkt oder keine Zeit hat, sich um die laufenden Geschäfte zu kümmern. Es gibt Fälle einer ausgesprochenen oder verhohlenen Rivalität zwischen beiden Gestalten, es gibt Fälle harmonischer Zusammenarbeit. Kurz, es hat sich unter dem gleichen Gesetz eine Mehrzahl konkreter Gemeindeverfassungen ergeben.

Man könnte sagen, daß die Norddeutsche Ratsverfassung eigentlich in besonderem Maße dazu angetan sei, ein Zusammenwirken ehrenamtlicher und berufsamtlicher Kräfte zu bewirken. Das ist offenbar nicht überall — vielleicht *noch* nicht überall — voll gelungen. Immer wieder regt sich der Wunsch, die Gewichte neu zu verteilen, auch die Bezeichnungen zu ändern, etwa so, daß der Gemeindedirektor wieder den Titel Bürgermeister (Oberbürgermeister) erhält und der Ratsvorsitzende Stadtverordnetenvorsteher oder vielleicht, wie in Schleswig-Holstein geschehen, Stadtpräsident wird — oder auch beide Ämter zusammenzufassen, was eine deutliche Annäherung an die einstige rheinische Bürgermeisterverfassung bedeuten würde[34]).

e) (Unechte) Magistratsverfassung

Ausgerechnet dem als besonders autoritär geltenden alten preußischen Staat war es vorbehalten, eine Gemeindeverfassungsform zu entwickeln, die in hervorragendem Maße auf der Zusammenarbeit zwischen ehrenamtlich und hauptamtlich tätigen Personen beruht und ein kollegiales Leitungsorgan kennt, die deshalb vielen als spezifisch demokratische Form kommunaler Verwaltung gilt. Das ist das Konzept der Städteordnung des Freiherrn vom Stein, die

[34]) Hierzu Otto Ziebill, Bürger-Städte-Staat, Köln 1963, S. 61 ff.

Magistratsverfassung[35]). Nicht eine einzelne Person, der Oberbürgermeister etwa, ist hier das für die Ausführung der Ratsbeschlüsse zuständige Organ und Gemeindevorstand, sondern ein Kollegium, eben der Magistrat. Er setzt sich aus ehrenamtlichen Bürgern und hauptamtlichen Beamten zusammen und wird vom Bürgermeister als „primus inter pares“ geleitet. Diese Konstruktion mit dem Magistrat als abhängigem Organ des Rats ist freilich noch zu Lebzeiten Steins — und im Sinne seiner eigenen, zum Autoritären gewandelten Meinung — verändert worden. Der Magistrat wurde zu einer Art „zweiter Kammer“ mit gleichem Gewicht neben dem Rat. In diesem Sinne hat die Magistratsverfassung in Preußen jahrzehntelang funktioniert, und so wurde sie dann als „echt“ empfunden. Die Form, die heute in zwei Bundesländern, Hessen und Schleswig-Holstein, gilt und die den Magistrat wieder zum Vollzugsorgan des Rats macht, wird deshalb als „unechte Magistratsverfassung“ bezeichnet, obwohl sie in gewissem Sinne der ursprünglichen Steinschen Konzeption wieder angenähert ist.

In zwei Ländern also, die ganz (Schleswig-Holstein) oder teilweise (Hessen) dem früheren Staat Preußen angehört haben, gilt heute die Magistratsverfassung, auch soweit auf diese historische Bezeichnung verzichtet und von einem (kollektiven) Gemeindevorstand gesprochen wird. Nur in kleinen Gemeinden ist ein einköpfiger Gemeindevorstand, der Bürgermeister, vorgesehen. Die Magistratsverfassung gilt außerdem in Bremerhaven, der einzigen Stadt neben Bremen selbst im Stadtstaat Bremen. Auch diese Verfassungen stimmen nicht völlig überein. In Schleswig-Holstein ist der Charakter des Magistrats als Exekutivorgan des Rats stärker ausgebildet, in Hessen hat er eine selbständigere Stellung. So ist in Hessen auch eine Art „Gewaltenteilung“ vorgesehen, indem die Mitglieder des Magistrats zwar von der Gemeindevertretung (der Stadtverordnetenversammlung) gewählt werden, ihr aber nicht angehören dürfen; gegebenenfalls scheiden sie aus.

[35]) Näheres bei Krebsbach, Städteordnung.

In Hessen hat man das Prinzip der Zusammenarbeit zwischen Bürgern und Beamten durch ein weiteres, ebenfalls aus der preußischen Tradition stammendes Element aufgenommen, nämlich durch die Einsetzung von „Deputationen". Das sind gemischte Kommissionen, die aus Angehörigen des Magistrats, der Gemeindevertretung und, „falls dies tunlich erscheint, aus sachkundigen Bürgern" bestehen. Sie werden vom Magistrat „zur dauernden Verwaltung oder Beaufsichtigung einzelner Geschäftszweige sowie zur Erledigung vorübergehender Aufträge" gebildet.

Da der Magistrat als Ganzes Gemeindevorstand ist, fällt ihm die Vertretung der Gemeinde und die Leitung der Verwaltung zu. Naturgemäß ergibt sich in der Praxis ein häufiges Hervortreten seines Vorsitzenden, des Bürgermeisters (Oberbürgermeisters). Der Bürgermeister ist auch zu Eilmaßnahmen in dringenden Fällen — wie bei anderen Gemeindeordnungen — berechtigt; in Hessen muß er dem Magistrat berichten, in Schleswig-Holstein die nachträgliche Genehmigung einholen. „Er leitet und beaufsichtigt den Geschäftsgang der gesamten Verwaltung", wie es in der hessischen Gemeindeordnung heißt, und in diesem Lande hat er auch die Geschäfte unter die Mitglieder des Magistrats zu verteilen, soweit nicht für einzelne Gebiete vom Gemeinderat hauptamtliche Beigeordnete gewählt sind. Es wird Wert darauf gelegt, daß auch die ehrenamtlichen Mitglieder des Magistrats ein eigenes, sei es auch kleines Dezernat übernehmen. In der Praxis wird der Bürgermeister von der Befugnis zur Geschäftsverteilung natürlich keinen exzessiven oder gar schikanösen Gebrauch machen, sondern einer Absprache zwischen den Parteien oder innerhalb des Magistrats folgen. Insgesamt ist mithin die Stellung des Bürgermeisters auch in der Magistratsverfassung der eines echten Verwaltungsleiters und Repräsentanten angenähert. Jedoch führt er nicht den Vorsitz im Rat; dafür wird ein besonderer Stadtverordnetenvorsteher gewählt.

*

Obwohl die verschiedenen gemeindlichen Verfassungssysteme in der Tagespraxis weniger von einander abweichen als im Wortlaut, ist begreiflich, daß ihre Vielfalt auf den Außenstehenden, soweit er davon Kenntnis nimmt, einigermaßen verwirrend wirken kann[36]). Er wird sich besonders an den Amtsbezeichnungen stoßen, vor allem soweit dasselbe Wort verschiedene Funktionen deckt. Ein Oberbürgermeister kann ein ehrenamtlicher Vorsitzender der Stadtverordnetenversammlung sein, er kann Verwaltungschef und er kann beides zugleich sein; er mag Vorgesetzter seiner Mitarbeiter sein oder ihr gleichberechtigter Vorsitzender. Ein Stadtrat kann eine Körperschaft sein, nämlich die Stadtvertretung, er kann das ehrenamtliche Mitglied einer solchen Körperschaft sein oder auch ein hauptamtlicher Beamter der Stadt. Ein Oberstadtdirektor ist in Nordrhein-Westfalen Chef der Verwaltung, in Bayern ein Beamter, der dem Verwaltungschef untersteht. Die Beispiele ließen sich vermehren. Im Interesse der Durchsichtigkeit der Verwaltung für den Bürger und für die Wirtschaft wäre eine Vereinheitlichung gewiß erwünscht. Sie sollte sich nicht auf die Nomenklatur beschränken, sondern auch einen Beitrag zur Verwaltungsvereinfachung bringen, im besonderen die Beziehungen zwischen Bund und Gemeinde präzisieren.

4. Der Rat

a) Ein Parlament?

Man spricht von der Gemeindevertretung (Rat, Stadtrat, Stadtverordnetenversammlung) gern als dem kommunalen Parlament Aber das ist kaum die Hälfte der Wirklichkeit. Zwar hat die Gemeindevertretung *auch* die Aufgaben eines Parlaments: sie beschließt den Haushalt, sie nimmt eine Hauptsatzung als Grundgesetz der Stadt an,

[36]) In Teil V sind Auszüge aus verschiedenen Gemeindeordnungen als Beispiele für unterschiedliche „innere Gemeindeverfassungen" abgedruckt, und zwar aus der bayerischen (für die süddeutsche Ratsverfassung), aus der hessischen (für die Magistratsverfassung), aus der nordrhein-westfälischen (für die norddeutsche Ratsverfassung).

sie erläßt „Satzungen“ als örtliche Gesetze, etwa eine Gebührenordnung für die Müllabfuhr, nicht selten den Bebauungsplan für einen Ortsteil. Aber nicht bei solchen grundlegenden gesetzgeberischen Akten liegt — wie das für ein staatliches Parlament zutrifft — das Schwergewicht der Arbeit eines Stadtrats. Er ist auch nicht auf Anweisungen an die Verwaltung und auf deren Kontrolle beschränkt. Er hat vielmehr zahlreiche konkrete Einzelmaßnahmen zu treffen: Errichtung einer Schule, eines Elektrizitätswerkes, eines Schlachthofs, Bau einer Straße, Bestimmung von Straßennamen, Festlegung von Gebührentarifen, Vergabe von Konzessionen, Käufe und Verkäufe, Anstellung und Entlassung von Beamten u. a. m. Solche Einzelmaßnahmen hat ein staatliches Parlament nur in ganz besonderen Ausnahmefällen zu treffen, etwa bei der Wahl von Bundesrichtern durch den Bundestag. Für den Gemeinderat sind sie das tägliche Brot. Es gibt im kommunalen Bereich keine Gewaltenteilung zwischen Legislative und Exekutive. Der von der Bevölkerung gewählte Rat ist beides. Er ist, um es nochmals zu sagen, als oberstes Organ der Selbstverwaltung ein Verwaltungsinstrument, das nicht nur Grundzüge der örtlichen Politik festlegt, sondern selbst Einzelmaßnahmen trifft.

Dementsprechend ist die Rechtsstellung der Ratsmitglieder aus parlamentsrechtlichen und amtsrechtlichen Elementen gemischt[37]). Wie der Parlamentarier ist der Gemeindevertreter von einem „imperativen Mandat“ frei, er ist nicht an Verpflichtungen oder Aufträge gebunden, sondern entscheidet nach seiner freien Überzeugung, die er sich an der Rücksicht auf das Gemeinwohl bildet.

In den meisten Punkten aber steht der Gemeindevertreter unter anderen Bedingungen als der Parlamentarier. Er genießt nicht wie dieser Immunität, sondern kann auch zivilrechtlich wegen einer Abstimmung oder einer Äußerung im Rat zur Verantwortung gezogen werden. Nur Bayern hat in Art. 51 seiner Gemeindeordnung den Satz: „Kein Mit-

[37]) Wolff, S. 217; ausführlich Uwe Becher, Die persönliche Rechtsstellung des Gemeindevertreters im Verhältnis zu der des Parlamentariers, Diss., Kiel 1964.

glied des Gemeinderats darf zu irgendeiner Zeit wegen seiner Abstimmung gerichtlich oder dienstlich verfolgt oder sonst außerhalb des Gemeinderats zur Verantwortung gezogen werden." Wenn die Gemeinderatsmitglieder vorsätzlich oder grob fahrlässig gegen ihre Pflichten verstoßen (etwa durch widergesetzliche Bewilligung von Mitteln), so haften sie der Gemeinde für den entstehenden Schaden. Im Gegensatz zum Parlamentarier hat der Gemeindevertreter vor Gericht kein Zeugnisverweigerungsrecht, wenn er durch den Rat von der Geheimhaltungspflicht entbunden ist. In einzelnen Gemeindeordnungen wird er zur Übernahme der mit dem Ehrenamt verbundenen Aufgaben, insbesondere zur Sitzungsteilnahme, ausdrücklich verpflichtet; in Bayern (GO Art. 48) wird ihm sogar Stimmenthaltung verboten. Alle diese Bestimmungen ergeben sich daraus, daß der Gemeindevertreter eben nicht ein parlamentarisches Mandat wahrnimmt, sondern ein Amt ausübt und insofern dem Beamten näher steht (ohne Beamter zu sein)[38]).

Wenn dagegen in Bayern die Pflicht zur Annahme der Wahl besteht, so könnte das auch für ein Parlament sinnvoll sein. Eine solche Bestimmung dient dem Schutz des Wählers vor Irreführung: er soll nicht durch einen zugkräftigen Kandidaten angelockt werden, der gar nicht ernsthaft bereit ist, die Konsequenzen aus seiner Kandidatur zu ziehen.

Aus dem Verwaltungscharakter der Gemeindevertretung ergeben sich weitere Beschränkungen, die den Parlamentarier nicht treffen. Der Gemeindevertreter darf nicht in Angelegenheiten mitwirken, die ihn persönlich oder seine nähere Verwandtschaft, auch seinen Arbeitgeber betreffen. Angesichts der Verwaltungsfunktion des Gemeinderats können sich dergleichen Fälle leicht ergeben, und der Ausschluß der Beteiligten von der Entscheidung ist gewiß legitim. Unter besonderen Verhältnissen, etwa bei Fragen der Planung in einem Dorf, kann dadurch freilich unter Umständen der ganze Rat immobilisiert werden. Ein staatliches

[38]) Ehrenbeamte sind dagegen etwa ehrenamtliche Gemeindedirektoren in kleinen Gemeinden oder Magistratsmitglieder, die Vollzugsbefugnisse haben.

Parlament kennt solche Vorschriften nicht, mag auch seltener vor ähnliche Probleme gestellt sein; wo es aber geschehen ist, kennt man ehrenvolle Beispiele dafür, daß die Beteiligten *gegen* das von ihnen zu vertretende private oder berufliche Interesse gestimmt haben. In ähnlicher Weise dient es dem Ausschluß von Klüngelei und Vetternwirtschaft, wenn Ehegatten, Eltern und Kinder sowie Geschwister dem Gemeinderat nicht gleichzeitig angehören dürfen. (Auch hier gibt es in Parlamenten Gegenbeispiele.) Die Niedersächsische Gemeindeordnung regelt sowohl für den Rat wie für Verwaltungsausschuß, wer diesen Gremien nicht angehören darf.

Der Angehörige des Gemeinderates darf Ansprüche Dritter gegen die Gemeinde nicht vertreten, es sei denn als gesetzlicher Vertreter, also etwa als Vater oder Vormund, während es möglich ist, daß z. B. ein Rechtsanwalt, der dem Bundestag angehört, einen Kläger gegen den Bund vor Gericht vertritt.

Schließlich fehlen dem Gemeindevertreter außer der Immunität einige weitere Rechte, die der Parlamentarier genießt. Er erhält nicht eine seine Unabhängigkeit sichernde Entschädigung, weil nicht unterstellt wird, daß er seine Existenz vorwiegend auf das Mandat gründen müsse, sondern nur einen — gegebenenfalls pauschalierten — Ersatz seiner Aufwendungen und eine Erstarrung nachgewiesenen Verdienstausfalls. Die sich daraus ergebenden Beträge sind in den einzelnen Ländern, insbesondere nach Ortsgrößen und, soweit es sich um den Ersatz von Verdienstausfall handelt, auch individuell verschieden. In keinem Falle sind sie auch nur entfernt hoch genug, als Anreiz zur Laufbahn eines Berufs-Kommunalpolitikers zu dienen. Sie sind also erheblich geringer als die Diäten von Mitgliedern staatlicher Parlamente. Im Gegensatz zu Parlamentariern bzw. Parlamentskandidaten hat der Bewerber um einen Sitz im Gemeinderat kein Recht auf Urlaub zur Vorbereitung seiner Wahl, da angenommen werden kann, daß er seinen Wahlkampf am Ort, ohne Reisen und im wesentlichen in den Abendstunden führt. In Niedersachsen jedoch erhalten Angehörige des öffentlichen Dienstes auch bei Bewerbungen für kommunale Körperschaften in gewissem Umfange (weniger als bei Kandidaturen zu den staatlichen Parlamenten) Urlaub für ihre Wahlarbeit.

Bei alledem bleibt die Gemeindevertretung eine *politische* Einrichtung, und darin kann man ihre stärkste Ähnlichkeit mit einem Parlament erblicken. Ihr Sinn ist, dem Laien, seinem Überblick, seinem spezifischen Sachverstand, der im allgemeinen gerade kein Verwaltungs-Sachverstand ist, einen Anteil an der Verwaltung und ihren Entscheidungen zu geben. Deshalb scheint die Rolle des Gemeinderatsmitglieds verkannt zu werden, wenn man allzu genaue juristische Kenntnisse von ihm verlangt.

Selbstverständlich braucht ein Ratsmitglied gewisse grundlegende Rechtskenntnisse, etwa der jeweiligen Gemeindeordnung. Aber es ist nicht seine Aufgabe, als Westentaschenjurist zu fungieren. Er hat die Verwaltung als Berater und den Anspruch, daß diese Beratung objektiv und gewissenhaft erfolgt und zwar spontan, auch ohne ausdrückliches Befragen[39]). Als Reserve fungiert gerade in dieser Hinsicht die staatliche Aufsicht. So gut wie der Parlamentarier vom Regierungsbeamten Formulierungshilfe unabhängig von der persönlichen Überzeugung des Beamten erwarten darf, so gut kann auch der Gemeindevertreter eine solche Stütze vom Kommunalbeamten verlangen — in beiden Fällen auch in dem Sinne, daß auf rechtliche Schwierigkeiten, Bedenken oder Hindernisse ausdrücklich aufmerksam gemacht wird. Der Gemeindevertreter hat gerade die Gesichtspunkte und Kenntnisse einzubringen, die den Sachverstand der Beamten ergänzen können. Er muß in planerischen Konzeptionen denken können, über Haushaltsplan und Stellenplan hinaus. „Der Berufsbeamte kann zwar lebensfremd sein, jedoch das positive Recht korrekt anwenden, der Bürger, der seinen Beruf beibehält und seine Erfahrungen dem Staate zur Verfügung stellt, hat in den meisten Fällen das bessere Verständnis für die Belange der Allgemeinheit, kann allerdings bei der Anwendung des Rechts fehlgreifen"[40]). Das ist in dieser Form nicht zu verallgemeinern. Der Beamte *muß* nicht lebens-

[39]) Vgl. S. 96 f.
[40]) Auert, S. 19.

fremd sein, er hat nicht *unbedingt* das schlechtere Verständnis für die Belange der Allgemeinheit; aber nur als ein wechselseitiges Ergänzungsverhältnis kann die Beziehung zwischen ehrenamtlichem Gemeindevertreter und kommunalem Beamten richtig gesehen werden.

b) Die Wahl

Die Wahl der Gemeindevertretung vollzieht sich nun freilich durchaus nach dem parlamentarischen Modell. In allen Ländern finden, wie im Grundgesetz des Bundes vorgeschrieben, auch für die Gemeindevertretungen allgemeine, unmittelbare, freie, gleiche und geheime Wahlen statt. Die Grundsätze für aktives und passives Wahlrecht lehnen sich zumeist an die für politische Wahlen geltenden an. Der Bewerber muß nicht nur „Einwohner" sein, sondern „Bürger" der Gemeinde; aber diese Eigenschaft wird bereits durch einen Aufenthalt von drei bis sechs Monaten erworben.

Die *Wahldauer* für die Gemeindevertretungen beträgt in mehreren Ländern 4 Jahre, in Nordrhein-Westfalen, Niedersachsen und Rheinland-Pfalz 5 Jahre, in Bayern und Baden-Württemberg 6 Jahre, hier jedoch mit der Maßgabe, daß jeweils die Hälfte der Ratsmitglieder in der Mitte dieser Periode ausscheidet, so daß ihre Amtszeiten sich überschneiden und alle drei Jahre die Hälfte des Rats neu gewählt wird („rollierendes System"). Theoretisch könnte man sich vorstellen, daß es auch andere Formen für die Bildung einer Gemeindevertretung gäbe, etwa über Berufsverbände (ständisch), über Betriebe (syndikalistisch), durch Nachbarschaften als „Räte". Abgesehen davon, daß damit den Erfordernissen des Grundgesetzes, insbesondere im Punkte der Gleichheit, nicht durchweg Rechnung getragen würde, käme nur zu leicht ein Vorwalten enger Interessengesichtspunkte dabei heraus. Die Idee des Rätesystems wird gern mit dem Gedanken jederzeitige Abberufbarkeit der Beauftragten verbunden, einer radikaldemokratischen Vorstellung, die sich schon bei Rousseau findet. Es liegt auf der Hand, daß eine solche ständige Auswechselbarkeit den Notwendigkeiten einer geordneten Verwaltung, insbesondere einer Planung auf weitere Sicht, wie sie die heutigen gesellschaftlichen und wirtschaftlichen Verhältnisse erfordern, zuwiderlaufen würde. Eine Machtvergabe auf Zeit im Stile des parlamentarischen Systems erscheint als die relativ beste Lösung. Über die Dauer dieser Zeit mag man streiten — allzu selten sollte der Bürger das ihm zustehende Stimmrecht auch in der Gemeinde nicht ausüben dürfen, zumal auch hier, mit Ausnahmen, das Prinzip der unmittelbaren Demokratie durch Volksbegehren und Volksabstimmungen kaum entwickelt ist.

Nach Lage der Dinge sind zunächst die politischen Parteien Träger der Willensbildung auch in der Gemeinde. Das ist auch deshalb nicht illegitim, weil kommunale Entscheidungen, wie schon angeklungen ist, keineswegs immer unpolitische Entscheidungen sind. Freilich ist nicht einzusehen, daß sich nur solche Gruppierungen bilden dürften, die auf überörtlicher Ebene wirken. Das Bundesverfassungsgericht hat einen Monopolanspruch der politischen Parteien gegenüber rein örtlichen Zusammenschlüssen, sogenannten „Rathausparteien", mit Nachdruck abgelehnt. Einen ausschlaggebenden kommunalpolitischen Einfluß haben solche Ortsparteien außerhalb kleiner Gemeinden kaum gewonnen, wenn sie auch gelegentlich als „Hecht im Karpfenteich" eine gewisse sanitäre Funktion ausüben mögen.

Im großen und ganzen werden auch für kommunale Wahlen die Grundsätze des *Verhältniswahlrechts* angewandt.

In Baden-Württemberg und Bayern wird dieses System, angelehnt an das Wahlverfahren für den Landtag, durch die Grundsätze des „Kumulierens" und des „Panaschierens" ergänzt. *Kumulieren* bedeutet: Jeder Wähler hat so viele Stimmen, wie Ratsmitglieder zu wählen sind, er kann aber bis zu drei Stimmen auf einen Kandidaten „häufeln", kumulieren. Die Reihenfolge der Bewerber auf der Liste liegt also nicht unbedingt fest, sondern nur, wenn kein Wähler vom Recht zum Kumulieren Gebrauch macht. Sonst richtet sie sich nach der Zahl der für den Einzelnen abgegebenen Stimmen. Verschiedentlich ist auf diese Weise die von der vorgeschlagenen Partei vorgesehene Reihenfolge drastisch verändert worden, und es sind Bewerber, die nur aus „optischen" oder ähnlichen Gründen am Schluß der Liste aufgeführt worden waren, „nach oben" gekommen und wider Erwarten in den Rat (in Bayern in den Landtag) gewählt worden. Bei diesem Verfahren kann eine aufmerksame und aktive Minderheit oder Interessengruppe unter Umständen mit wenig Stimmen eine erhebliche Veränderung der Liste bewirken, wenn die Mehrheit zwar mit der vorgeschlagenen Parteiliste einverstanden ist, das aber nicht durch Kumulieren der Spitzenkandidaten unterstreicht. Das könnte unter Umständen als eine Verfälschung des Wählerwillens angesehen werden und im Einzelfall unmittelbar bedenklich sein — es kann aber auch als wohltuende Erziehung zu einem aktiven und aufmerksamen Wählerverhalten wirken, wie es gemeint ist.

Noch weiter geht das Recht zum *Panaschieren:* der Wähler ist auch insofern nicht an die Parteiliste gebunden, als er Kandidaten aus anderen Listen in die von ihm zunächst gewählte „mischen", panaschieren, kann. Er kann sich also praktisch eine eigene Liste zusammenstellen[41]).

Obwohl dieses System gewiß kompliziert genannt werden kann, ist es von den Wählern offensichtlich akzeptiert worden, um die oft beklagte Mediatisierung durch die Vorentscheidung der Parteien zu korrigieren und ein Element der Personalwahl in die Verhältniswahl hineinzubringen. Deshalb darf bezweifelt werden, ob es klug ist, wie geplant, darauf zu verzichten, obwohl doch weite Kreise eine stärkere Unmittelbarkeit der politischen Mitwirkung fordern. Während das beschriebene System in Württemberg auf Traditionen aus dem 19. Jahrhundert beruht, wurde es bei seiner Neueinführung in Baden nach dem Zweiten Weltkrieg auch dort ohne größere Fehler gehandhabt. Freilich entfallen die meisten und größten Veränderungen auf die kleineren Parteien und die freien Wählervereinigungen.

[41]) Zu diesem System Wolfgang Hamberger, Motive und Wirkungen des Kommunalwahlsystems in Baden-Württemberg, Diss., Heidelberg 1966. — Während das System des Kumulierens und Panaschierens in Württemberg eine bis in die „königliche" Zeit zurückreichende Tradition hat, wurde es in Bayern erst nach dem Zweiten Weltkriege eingeführt.

Verbesserungen der Listenplätze erzielten neben Gewerkschaftssekretären und Sozialarbeitern in auffallender Weise die Akademiker (mag das nun an ihrer größeren politischen Aufmerksamkeit oder an ihrem Sozialprestige liegen), nach ihnen Arbeiter, während sich Kaufleute, Fabrikanten usw., ebenso kaufmännische und technische Angestellte und Beamte, soweit nicht Akademiker, in ähnlich auffallender Weise verschlechterten. Ein knappes Viertel der verbesserten Listenplätze führte zu einem Mandat. In Stuttgart verdankte 1959 ein persönlich sehr angesehener früherer Kommunist, der auf einer freien Liste kandidierte, sein Stadtratsmandat nur der Tatsache, daß er von vielen Wählern im Wege des „Panaschierens" in andere Listen übernommen wurde.

Die Gemeinderäte sind soziologisch ebensowenig wie Parlamente ein verkleinertes Spiegelbild der Bevölkerung. Es ist unausbleiblich, daß einzelne Berufe und Gruppen statistisch gesehen unterrepräsentiert sind, andere überrepräsentiert. Das liegt nicht nur an der unterschiedlichen politischen Aktivität, sondern insbesondere auch daran, daß gewisse Fachkenner benötigt werden, die bei einem soziologischen Proporz überhaupt nicht zum Zuge kommen würden. In kleineren Orten mögen die Honoratioren alten Stils noch eine Rolle spielen, in großen Städten dringen in gewissem Umfange Berufspolitiker, Partei-, Verbands-, Gewerkschaftssekretäre, Syndizi und dergleichen, in die Räte ein. Wie in den staatlichen Parlamenten ist der Anteil des öffentlichen Dienstes oft bedeutend — gewiß nicht unbedenklich trotz des damit oft eingebrachten Sachverstandes. Die am stärksten unterrepräsentierte Gruppe sind die Frauen.

c) Plenum und Fraktionen

Nach seiner Wahl handelt der Rat formal zunächst wie ein Parlament. Er wählt einen Vorsitzenden und Stellvertreter, bildet Ausschüsse und dergleichen. Im allgemeinen wird auch der parlamentarische Grundsatz anerkannt, daß die stärkste Fraktion den Vorsitzenden zu stellen habe. Wo faktisch oder scheinbar mit dieser Funktion auch eine Amtsgewalt verbunden ist, insbesondere auch da, wo der Ratsvorsitzende die Bezeichnung Bürgermeister führt, unterliegt man gelegentlich der Versuchung, im Groll über Ärgernisse im Wahlkampf oder andere Zwistigkeiten entweder eine „Koalition“ gegen die stärkste Fraktion zu bilden oder umgekehrt für diese nicht nur den Posten des Vorsitzenden, sondern des Stellvertreters zu beanspruchen.

Je größer die Verhältnisse sind, desto wichtiger wird zwangsläufig die Rolle der Fraktionen, nicht nur für die Vorbereitung des formalen Ablaufs der Ratsarbeit, sondern auch für die Vorklärung von Sachentscheidungen, ganz besonders aber von Personalentscheidungen, handele es sich nun um die Verteilung von Funktionen innerhalb des Rates selbst oder um die Wahl leitender Angehöriger der hauptamtlichen Verwaltung. Es wäre weltfremd, zu erwarten, daß dabei die Politik keine Rolle spiele. Die Fraktionen machen ein Parlament, auch ein kommunales (soweit es eben Parlament ist), erst gegliedert und gelenkig. Sie sind so wichtig, daß sie in großen Städten, wie in Landtagen, mit hauptamtlichem Personal arbeiten müssen.

Obwohl die parteipolitischen Gegensätze in der Kommunalpolitik in Entscheidungsfällen kultureller, wirtschaftlicher und personeller Art nicht verdeckt werden, herrscht doch normalerweise ein Klima der Kooperation, wie es durch die Konkretheit der Tagesverwaltung erzwungen wird. „Rathauskoalitionen“ zum Ausschluß eines Partners werden im allgemeinen nicht alt. Die parlamentarische Gegenüberstellung von „Regierung“ und „Opposition“ entspricht der Realität der Kommunalverwaltung nicht, und die Zusammenarbeit „in camera“ funktioniert oft auch noch da, wo vor der Öffentlichkeit homerische Redekämpfe geführt werden. Im allgemeinen ist es nicht nur so, daß man Kompromisse schließt oder sich „zusammenrauft“. Spätestens wenn es auf die Auseinandersetzung mit dem Landtag, mit dem Regierungspräsidenten, mit der konkurrierenden Nachbarstadt ankommt, sind sie selbst im Zeitalter verschärfter parteipolitischer Spannungen oft die „Fraktion Frankfurt“ oder die „Fraktion Düsseldorf“ oder die „Fraktion Tuntenhausen“. Die Parteifraktionen halten zwar überörtlich miteinander Fühlung, und die großen Parteien haben besondere Büros oder Organisationen für die Fragen der Kommunalpolitik. Aber diese Stellen wirken nicht so stark, wie sich das Außenstehende manchmal vorstellen, in die Ortsparteien hinein. Denn die Ortsparteien haben ein gesundes Selbstbewußtsein und lassen sich nicht gern von einer Zentrale „hineinregieren".

Wie ein Parlament tagt das Plenum der Gemeindevertretung öffentlich, durchschnittlich etwa einmal im Monat. Man kann den Tadel hören, die Bürgerschaft mache von dieser Öffentlichkeit zu wenig Gebrauch. Ganz gerecht ist diese Rüge nicht. Denn nicht immer zeichnen sich diese Sitzungen durch ausgesprochenen Spannungscharakter aus. Oft wird — notwendigerweise — eine verhältnismäßig lange Tagesordnung durchgejagt, ein Beschluß folgt auf den anderen, ehe der Zuhörer recht versteht, wovon eigentlich die Rede ist. Es werden eben eine große Anzahl von Angelegenheiten, die in den Ausschüssen vorbereitet sind, formell erledigt; Beschlüssen, die ausdiskutiert sind, wird „das Siegel der Souveränität aufgedrückt". Nur bei wichtigeren Fragen wird in einer Aussprache die Begründung für den Beschluß gegeben. Verhältnismäßig selten kommt es zu einer echten Diskussion, die nicht nur Meinungen gegeneinanderstellt, sondern den Ehrgeiz hat, Meinungen zu bilden und zu ändern. Freilich besteht nur in Ausnahmefällen förmlicher Fraktionszwang. Als „Parlament" teilt die Gemeindevertretung eine Schwäche der staatlichen Parlamente. Die wahre Öffentlichkeit wird deshalb durch eine aufmerksame, sachkundige und gut informierte örtliche Presse hergestellt. Sie spricht einen sehr viel weiteren Kreis an, sie weiß, was die einzelnen Beschlüsse bedeuten, und kennt ihre Gründe. Dazu bedarf sie gutwilliger Mitarbeit der kommunalen Stellen selbst, des Rats wie der Verwaltung. Wichtiger Mittler ist der qualifizierte Pressereferent.

Das Plenum des Rates kann nach allen Gemeindeverfassungen Aufgaben an seine Ausschüsse oder an den Leiter der Verwaltung abgeben. Es wird das außerhalb kleiner Gemeinden tun *müssen,* weil es sonst mit Einzelheiten überschüttet und arbeitsunfähig würde. Ebenfalls nach allen Gemeindeordnungen kann es einen bestimmten Katalog von Entscheidungen nicht abgeben, sondern muß sie selbst treffen. Dieser Katalog wechselt in Einzelheiten, aber im großen und ganzen stimmt er in allen Ländern überein. Zu solchen wichtigen Dingen, die dem Rat selbst als dem Träger der kommunalen Souveränität vorbehalten sind, gehören u. a.:

Die Bestellung der Ausschußmitglieder

Die Wahl des Bürgermeisters, der Beigeordneten (mit Festlegung ihrer Arbeitsgebiete) und anderer leitender Beamter

Der Erlaß von Satzungen, d. h. Ortsgesetzen und gegebenenfalls ortspolizeilichen Vorschriften

Die Änderung des Gemeindegebietes, also Eingemeindung fremder Orte oder Ortsteile, Eingemeindung der Gemeinde selbst, gegebenenfalls von Gemeindeteilen in eine andere, Gebietstausch

Verleihung und Entzug des Ehrenbürgerrechts

Übertragung von Aufgaben auf den Bürgermeister (in Niedersachsen: Gemeinde- oder Stadtdirektor)

Verfügungen über wichtige Teile des Gemeindevermögens

Errichtung öffentlicher Einrichtungen, etwa eines Schlachthofes, und wirtschaftlicher Betriebe sowie Beteiligung an ihnen, Umwandlung ihrer Rechtsform

Übernahme freiwilliger Aufgaben, etwa Errichtung eines Theaters oder Museums

Aufnahme von Darlehen, Übernahme von Schuldverpflichtungen und Bürgschaften

Erlaß der Haushaltssatzung, Entlastung des Bürgermeisters (in Niedersachsen: Gemeinde- oder Stadtdirektors)

Festsetzung von Abgaben und Tarifen, sofern es sich nicht um Betriebe handelt, die in privatwirtschaftlicher Form aus der Gemeindeverwaltung ausgegliedert sind.

d) Die Ausschüsse

Selbstverständlich werden auch alle diese Gegenstände in Ausschüssen vorberaten, und bei ihnen liegt die eigentliche laufende Aktivität des Gemeinderats. Da die überwiegende Zahl der Gemeindevertreter — ihre Gesamtzahl in der Bundesrepublik Deutschland wird nach Abschluß der Verwaltungsreform schätzungsweise noch rund 150 000 betragen[42]) — ehrenamtlich tätig ist und deshalb im allgemeinen erst abends, nach der Berufsarbeit, zur Verfügung steht, vollzieht sich ein bedeutender Teil dieser Selbstverwaltungsarbeit in den späten Nachmittags- und den Abendstunden. Die Belastung, die sich daraus für den Einzelnen ergibt, wechselt naturgemäß von Ort zu Ort, auch von Person zu Person. Im allgemeinen kann man hören, daß ein Gemeindevertreter etwa 30 Stunden im Monat diesem Ehrenamt zu widmen habe.

Die Besetzung der Ausschüsse richtet sich in etwa nach dem Proporz der Fraktionen. Das ist sinnvoll, weil so am sichersten der Wille des Plenums wahrgenommen oder vorbereitet werden kann. Verschiedene Gemeindeordnungen sehen die Möglichkeit vor, sachkundige Bürger, die dem Gemeinderat nicht angehören, zu den Ausschüssen hinzuzuziehen, freilich nur mit beratender Stimme. Obwohl sie also — und auch das erscheint sinnvoll — Abstimmungsergebnisse nicht beeinflussen können, werden solche Bürger im allgemeinen aus Mitgliedern der im Rat vertretenen Parteien gewählt. Sachkundige und öffentlich interessierte Bürger, die sich aus irgendwelchen Gründen nicht entschließen können oder mögen, einer Partei beizutreten, werden offenbar nur in Ausnahmefällen herangezogen, z. B. zur Beratung des Bauausschusses. Die Parteien mißtrauen dem Bürger, der sich nicht „bekennt" — obwohl gerade er es ist, den sie in den Wahlkämpfen heftig umwerben. Hier liegt ein Problem unseres parlamentarischen Systems, das auch in die Gemeinden hineinwirkt: Wer sich der Parteizersplitterung in der Weimarer Zeit erinnert, dem sind die politischen Vorteile der Existenz nur weniger Parteien evident. Aber gerade die geringe Zahl erschwert naturgemäß nicht nur unpolitischen Naturen die Auswahl. In England, wo man auch mit einem Zwei- bis Drei-Parteien-System auskommt, zieht man daraus im kommunalen Leben weniger scharfe Konsequenzen.

Zahl und Aufgabenkreis der Ausschüsse hängen von der Größe und damit vom Aufgabenumfang der Gemeinde

[42]) Wimmer, DST 1975, S. 466 f.

selbst ab. Eine größere Stadt wird unter Umständen Ausschüsse noch untergliedern, etwa nicht nur einen Kulturausschuß, sondern daneben oder darunter einen Theater- oder einen Büchereiausschuß haben. Es liegt beim Rat, in welchem Umfange er seinen Ausschüssen Beschlußvollmacht geben will, abgesehen natürlich von jenen Gegenständen, die er nach der Gemeindeordnung selbst zu erledigen verpflichtet ist. Normalerweise gibt es einen koordinierenden Hauptausschuß; nicht selten ist er zugleich Finanzausschuß. In Nordrhein-Westfalen ist die Bildung eines Hauptausschusses und eines Finanzausschusses sowie eines Rechnungsprüfungsausschusses zwingend vorgeschrieben. Sonst nimmt auch der Finanzausschuß die Aufgaben eines Rechnungsprüfungsausschusses wahr. Solche Ausschüsse bedienen sich des wenigstens in großen Gemeinden bestehenden Rechnungsprüfungsamtes, das ihnen unabhängig von der Unterstellung unter den Verwaltungsleiter zur Verfügung steht.

Eine Sonderstellung nimmt der Jugendwohlfahrtsausschuß ein, dessen Bildung und Zusammensetzung den Gemeinden durch das Jugendwohlfahrtsgesetz (neu gefaßt 1977) vorgeschrieben ist. Der Gesetzgeber hat hier versucht, das Prinzip des Zusammenwirkens von staatlichen, in diesem Fall kommunalen, und gesellschaftlichen Organisationen durchzusetzen, und zwar nach dem Prinzip der Subsidiarität, das dem kleineren Verbande, dem gesellschaftlichen also, ein Vorrecht gibt. Dementsprechend müssen auch Vertreter der auf diesem Gebiete tätigen Verbände dem Jugendwohlfahrtsausschuß angehören.

Je nach der Gemeindeordnung führt den Vorsitz in den Ausschüssen der Bürgermeister bzw. einer seiner Stellvertreter oder ein vom Ausschuß aus seiner Mitte gewählter Vorsitzender. Die Bestimmungen der Gemeindeordnungen über die Öffentlichkeit der Ausschüsse sind länderweise verschieden. Zwingend *nicht* öffentlich sind Ausschußsitzungen in Rheinland-Pfalz, Nordrhein-Westfalen, Schleswig-Holstein; im Saarland mit der Maßgabe, daß der Gemeinderat Öffentlichkeit beschließen kann. In Hessen sind die Ausschußsitzungen „in der Regel nicht öffentlich“, in Niedersachsen in der Regel öffentlich. In Baden-Württemberg und Bayern sind sie grundsätzlich wie die des Rates selbst öffentlich; doch gilt für beide, daß die Öffentlichkeit auszuschließen ist „wenn es das öffentliche Wohl oder berechtigte Interessen einzelner erfordern". Das dürfte bei der Behandlung zahlreicher Einzelfälle, z. B. im Bauausschuß, im Sozialausschuß, aber auch in anderen recht häufig gelten oder glaubwürdig zu machen sein.

Es kann aber nicht wunder nehmen, wenn bei der bestehenden Praxis, mag sie auch weithin von den Verhältnissen erzwungen sein, immer wieder der Wunsch aufkommt, die Öffentlichkeit im weiteren Sinne oder wenigstens die Vertreter der Presse sollten Zutritt zu den Sitzungen der Ausschüsse erhalten, in denen echte Diskussionen stattfinden und wirkliche Entscheidungen fallen. Gelegentlich wird das auch so gehandhabt. Daß gewisse Ausschüsse und gewisse Themen eine Öffentlichkeit nicht vertragen, wird nicht bestritten; jedenfalls so heiklen Gegenständen wie Grundstücks- und Personalfragen wird der Schutz der Vertraulichkeit zugebilligt. Ob im übrigen der mehr oder weniger allgemeine Zutritt zu den Ausschüssen eine wirklich befriedigende Information der Öffentlichkeit bringen würde, ist fraglich. Bei vielen Beratungen ist es so, daß man schwierige Dinge zunächst „ungeschützt" sagen will, ohne also schon auf jede Formulierung festgelegt zu werden. So bestünde die Gefahr, daß solche Vorstadien sich in einen entsprechend geschützten Raum zurückziehen würden, an den Stammtisch etwa oder ins private Gespräch — und daß im Ausschuß, wie nur zu oft im Plenum, „Fensterreden" gehalten würden. Übrigens gibt es zu viele und zuviel gleichzeitig tagende Ausschüsse, als daß auch eine gut besetzte Redaktion sie alle mit qualifizierten Berichterstattern beschicken könnte. Auch hier wird also eine gutwillige Information durch Mitglieder und Vorsitzende der Ausschüsse nötig sein. Aber kein in allen Pressegesetzen der Länder festgelegtes Informationsrecht kann die Findigkeit und das Geschick eines guten Journalisten ersetzen. Doch pflegt der Rat empfindlich zu reagieren, wenn er als Träger der kommunalen Souveränität Pläne und Überlegungen der Verwaltung aus der Presse erfährt, also nicht als erster informiert wird.

e) Die Bürger

Angesichts der überragenden Stellung des Rats ist neben ihm im deutschen Gemeinderecht verhältnismäßig geringer Raum für eine unmittelbare Mitwirkung des Bürgers. Ein Element der unmittelbaren Demokratie kommt am stärksten zum Ausdruck in der Volkswahl des Bürgermeisters in Baden-Württemberg und Bayern. Nur in *Baden-Württemberg* hat man die Möglichkeiten des *Bürgerentscheids* und des *Bürgerbegehrens* vorgesehen. Der Stadtrat kann von sich aus bestimmte wichtige Angelegenheiten, z. B. die Errichtung oder wesentliche Erweiterung einer für die Gesamtheit der Bürgerschaft bestimmten öffentlichen Einrichtung oder eine Änderung der Verfassungsform der Gemeinde, der Bürgerschaft zur Entscheidung vorlegen. Ihrer Natur nach sind Weisungsaufgaben, aber auch die innere Organisation der Gemeindeverwaltung sowie die Rechtsverhältnisse der Gemeinderäte und der Gemeindebediensteten einem Bürgerentscheid nicht zugänglich. Ein solcher kann andererseits nicht nur durch den Rat veranlaßt werden, sondern auch durch ein Bürgerbegehren; dazu bedarf es in Gemeinden bis zu 40 000 Einwohnern eines Viertels der Stimmberechtigten (höchstens 4000), in größeren Städten eines Zehntels (höchstens 30 000). Ein Bürgerbegehren muß nicht nur die gewünschte Maßnahme — also z. B. den Bau eines Stadions — genau bezeichnen, sondern auch einen nach den gesetzlichen Bestimmungen durchführbaren Vorschlag für die Aufbringung der erforderlichen Mittel enthalten. Einem agitatorischen Mißbrauch des Bürgerbegehrens ist also vorgebeugt; ja, es bedarf schon erheblichen Sachverstandes, ein wirksames Bürgerbegehren zu formulieren. Große praktische Bedeutung scheint diese Möglichkeit bisher nicht gewonnen zu haben.

Die allgemein bestehende Möglichkeit, sachkundige Bürger beratend zu *Ausschüssen des Gemeinderats* heranzuziehen, ist für Baden-Württemberg genauer dargestellt worden. Es mag überraschen, daß in dieser Hinsicht die Großstädte großzügiger verfahren als die kleineren, vielleicht weil „sich die Verwaltungen der größeren Städte mehr der Tatsache bewußt sind, daß sie selbst nicht auf allen

Gebieten sachkundig sein können". Freilich erstreckt sich diese Heranziehung von Bürgervertretern vor allem auf solche Beiräte und Ausschüsse, die sich mit sportlichen, kulturellen und sozialen Angelegenheiten beschäftigen. „Zur Wahrnehmung anderer Aufgaben scheinen die Stadtverwaltungen ihre Bürger für weniger kompetent zu halten"[43]). Oder sollte die Beschränkung daran liegen, daß die genannten Fragen stärker im Blickpunkt der Öffentlichkeit stehen, daß in anderen aber (z. B. in Baufragen, Verkehrsfragen) Sachverstand allzu leicht mit persönlichem Interesse gekoppelt sein kann?

Von anderen, gesetzlich nicht ausdrücklich vorgesehenen Formen, die Bürgerschaft außerhalb des Rates zu beteiligen, wird wenig Gebrauch gemacht. In Eßlingen wurden für die verschiedenen Stadtbezirke neun Bürgerausschüsse „als unabhängige bürgerliche Initiativgruppen" gebildet, die bei der Vorbereitung und Gestaltung von Bürgerversammlungen mitwirken und bei der Aufstellung von Bauleitplänen beteiligt werden.

Bürgerversammlungen sind in Süddeutschland ein Erbe der amerikanischen Demokratisierungsbemühungen nach dem Kriege; es gibt sie für ganze Gemeinden oder, in größeren Städten, für einzelne Ortsteile. Davon, ob und in welchem Maße der Bürgermeister sich hier selbst engagiert, scheint die Qualität solcher Veranstaltungen weitgehend abzuhängen. Jedenfalls kann er wie kaum ein anderer verhindern, daß sie sich mit Kleinkram beschäftigen und zu Beschwerdestunden entarten; er kann sie andererseits zu Instrumenten seiner Initiative machen.

Die Versuche der ersten Nachkriegszeit, die Bürger durch ein Wiederaufbaukuratorium, einen Kultursenat oder dergleichen unmittelbar kommunalpolitisch wirken zu lassen, sind meistens versandet. Man war mit eigenen Sorgen überlastet, die Bereitschaft, sich zu engagieren, war nach den Katastrophen gering. Auch bestand wenig Möglichkeit, solchen Gremien neben dem Rat echte Kompetenzen zu geben. Die in verschiedener Hinsicht weniger „belasteten"

[43]) Reiner Engelhardt, Die Mitwirkung der Bürger in der Verwaltung baden-württembergischer Großstädte, Ludwigsburg 1966.

Kräfte, die sich nun in der Öffentlichkeit zu Wort melden, mögen hier mit größerer Unbefangenheit neue Chancen schaffen und ergreifen. Die Unruhe eines Teils der jungen Generation beruht nicht zuletzt auf dem Gefühl, von den Entscheidungen ferngehalten zu werden, und darin liegt die Bereitschaft, mit zu entscheiden, mindestens mit zu beraten. Hier geht nun die Initiative nicht, wie früher, von „oben", von der Leitung der Stadt aus, sie kommt aus einem Teil der Bevölkerung selbst. Umgekehrt ist die Bereitschaft sowohl der verantwortlichen Kommunalpolitiker wie der sachkundigen Beamten, ihre Ansichten öffentlich zu vertreten, darüber zu diskutieren und auch auf andere zu hören, gewachsen. Die großen Aufgaben und Probleme der Stadtentwicklung und der regionalen Planung lassen es angezeigt erscheinen, möglichst viel Sachkunde, über die formal Zuständigen hinaus, zu beteiligen. Die sich in diesem Sinne bildenden „Foren" und dergleichen bieten eine gewisse Chance, bürgerlichen Rat wirksam zu machen, wenn auch nicht, die Entscheidungen einem Räte-System zu überantworten. Aber dieses enthält zweifellos für radikal demokratisches Denken einen verführerischen Zug.

Insbesondere seit den unruhigen sechziger Jahren hat sich eine neue Form bürgerschaftlicher Mitwirkung auf allen Ebenen staatlichen Lebens und Verwaltens entwickelt: die Bürgerinitiativen. Entstanden sind sie aus einem allgemeinen Gefühl der Unzufriedenheit mit einer immer stärker regulierten und manipulierten Welt, aus dem Bedürfnis, ihr Spontaneität entgegenzusetzen, angeregt durch Vorbilder in den Vereinigten Staaten, auch wohl verursacht durch die Bemühungen politischen Unterrichts in Volkshochschulen, Akademien und ähnlichen Einrichtungen, die keinen Weg zur Verwirklichung der von ihnen vermittelten Einsichten und Impulse zeigen konnten. Die gern empfohlene Mitwirkung in den politischen Parteien wurde offenbar aus verschiedenen Gründen nicht immer, vielleicht nur selten angenommen. Zahlreiche Bürgerinitiativen richten sich auf unmittelbar vor Augen liegende, das eigenste Interesse der Beteiligten berührende Interessen, den Bau einer Schule, den Lärmschutz für eine Straße, die Sanierung eines Stadtviertels etwa. Da ergibt sich dann eine unmittelbare Berührung mit der „verfaßten“ Gemeinde und ihren Organen. Das kann heißen: fruchtbare Anregung. Das kann auch heißen: Konflikt. Der Rat muß, wo es um Entscheidungen geht, das letzte Wort beanspruchen. Er muß, was da aus individuellen oder begrenzten Interessen an ihn herangetragen wird, gegen das Gesamtinteresse der Gemeinde abwägen. Er kann das Gefühl haben, daß hier an ihm, dem durch Gesamtentscheid der Bürger beauftragten Treuhänder des Ganzen, vorbei gedacht, geplant, agitiert, gehandelt werde. Rat und Verwaltung werden klugerweise versuchen, für das Ganze nutzbar zu machen, was sich hier an Initiative „von der Graswurzel aus“ regt. Nicht in allen Fällen wird ein Konflikt zu vermeiden sein. Noch ist nicht mit Sicherheit zu erkennen, ob sich hier ein neues, plebiszitäres Element in das repräsentativ organisierte Gemeindeleben auf Dauer hineinschieben wird oder ob es sich um eine vorübergehende Bewegung handelt. Bisher sieht eine Gemeindeordnung, die des Landes Rheinland-Pfalz, die Bürgerinitiative vor: Die Bürger von Gemeinden mit mehr als 1000 Einwohnern können in einem festgelegten Verfahren vom Bürgermeister verlangen, daß er dem Rat eine bestimmte Angelegenheit zur Beratung und Entscheidung vorlegt. Da wär’s denn wieder beim Rat.

5. Die Verwaltung

a) Die Fachleute

So wenig wie die Gemeindevertretung ein Parlament ist, so wenig ist die beamtete Verwaltung der Gemeinde eine Regierung. So gut wie der Gemeinderat gewisse Elemente eines Parlaments enthält, so gut hat die Verwaltung gewisse Funktionen, die über den bloßen Vollzug von Ratsbeschlüssen hinausgehen. Kommunalpolitische Initiative kann bei beiden liegen, bei beiden Institutionen, auch bei den Leitern beider Institutionen, die unter gewissen Gemeindeverfassungen, wie gezeigt, identisch sind. „Gouverner, c’est prévoir“, regieren heißt vorausdenken, dieses französische Wort gilt auch für die kommunale Verwaltung. Einmal muß jemand auf den Gedanken kommen, daß es für die künftige Entwicklung der Stadt ein neues Industriegebiet, ein neues Wohnviertel rechtzeitig zu erschließen gilt, daß an anderer Stelle eine neue Grundschule in wenigen Jahren nötig sein wird, daß die Sportler der Stadt ein neues Gelände brauchen, daß eine Stadthalle erwünscht ist, um Veranstaltungen der Bürgerschaft Raum zu schaffen, aber auch Tagungen in die Stadt zu ziehen, daß eine neue Straßenbahnlinie benötigt wird, daß . . . es reißt nicht ab. Alles muß gegeneinander abgewogen und mit den Möglichkeiten in eine Prioritätenfolge gebracht werden; Grundstückserwerb ist nötig, und er soll nicht durch vorzeitiges Bekanntwerden der Pläne verteuert werden; Kapital ist vorsorglich anzusammeln; Architekten und Techniker erhalten Planungsaufträge. Alles das bedarf einschlägig fachkundiger Köpfe, einer motorischen Energie, einer koordinierenden Hand. Sie können beim Rat und seinem Vorsitzenden zu finden sein, beim Leiter der Verwaltung und seinen Mitarbeitern. Je größer die Stadt, desto größer muß die Zahl der Sachkundigen sein, desto schwieriger ist ihre Koordination.

Schon der Freiherr vom Stein, der Städte mit mehr als 10 000 Einwohnern für Großstädte hielt, hat gewußt, daß man solche Städte nicht ohne berufsamtliche Fachkräfte verwalten könne. Er war, selbst Beamter, ein Feind der Bürokratie. Eben deshalb wünschte er sich als Bürgermeister und andere hauptamtliche Figuren in der Gemeinde kräftige, selbstbewußte Gestalten, keine „Mietlinge". Er hat sich für ein kräftiges Beamtentum eingesetzt, das durch die Zusicherung der Pension auch seinem Dienstherrn, dem ehrenamtlichen Rat, gegenüber unabhängig und freimütig auftreten kann. Er hat in späterer Lebenszeit einer Verstärkung des Magistrats gegenüber der Gemeindevertretung das Wort geredet. Ein gewisses Widerspiel von Ehrenamt und Fachpersonal ist in der Selbstverwaltung unvermeidlich.

Diese Verhältnisse sind gerade in der Kommunalverwaltung u. a. dadurch bestimmt, daß man nicht nur Fachleute der Verwaltung im engeren Sinne gebraucht, sondern daß eine Stadt Fachkräfte weit darüber hinaus auf wirtschaftlichen, technischen, kulturellen Gebieten braucht. Die Stadt muß angesichts der Bevölkerungsvermehrung und -konzentration, angesichts der steigenden Lebensansprüche, angesichts des wachsenden Freizeitkonsums immer mehr Dienste übernehmen. Sie wird aus einer Verwaltung in hoheitlichem Sinne immer mehr und schließlich überwiegend ein großes Dienstleistungsunternehmen, dessen Funktionen als so selbstverständlich hingenommen werden, daß man ihr Zustandekommen und den dafür erforderlichen personellen Aufwand kaum noch bemerkt.

b) Der Chef

Für den leitenden Kommunalbeamten, insbesondere den Verwaltungschef, ergibt sich ein in vielen Zügen einheitliches „Berufsbild“, das jedoch auf recht unterschiedlichen Wegen erreicht werden kann; im Entscheidenden scheint es weniger auf fachliche Qualifikationen anzukommen als auf Persönlichkeitsmerkmale, insbesondere auf die wichtigsten Fähigkeiten eines Chefs: daß er fachlichen Rat zu hören und zu bedenken weiß, dann verantwortlich entscheidet und sich vor seine Mitarbeiter stellt. Er muß sich in raschem Wechsel auf zahlreiche verschiedene Fachgebiete einstellen können. Er muß selbst Initiative entwickeln, er muß sie bei anderen erkennen und nicht nur tolerieren, sondern fördern. Er muß mit Menschen umgehen können, mit Menschen verschiedenster Art, insbesondere aber — und nicht zuletzt hier werden politische Qualitäten verlangt — mit den Mitgliedern des Rats und mit seinen Fraktionen. Er muß eine gewisse Freude am Hervortreten nach außen haben, und nicht nur das stellt einige Anforderungen an seine Gesundheit und Nervenkraft. Noch immer genießt der Jurist einen gewissen Vorrang, wenn auch keineswegs etwa ein Monopol; er hat gelernt, zu abstrahieren und rational zu gliedern, und selbstverständlich ist die Kenntnis der rechtlichen Zusammenhänge und Konsequenzen in der Verwaltung, nicht zuletzt in Zusammenspiel und Widerspiel mit dem Staat wichtig. Auch erweist es sich gerade in der Gemeindeverwaltung oft als nützlich, daß der junge Jurist im letzen Stadium seiner Ausbildung, als Referendar, eine ganze Reihe verschiedener Lebensgebiete — oft nicht nur rechtlich, sondern auch sachlich — kennenlernt.

Doch obwohl ein Zuzug aus anderen juristischen Bereichen, aus der Justiz, aus der staatlichen Verwaltung, durchaus vorkommt, kann gesagt werden, daß ein besonderer Typ des Juristen von den kommunalen Aufgaben angezogen wird. Nicht jeder Richter, der gewohnt ist, nach sorgfältigem, vielleicht häuslichem Aktenstudium zu urteilen, mag den andersartigen Arbeitsstil in der Kommunalverwaltung schätzen; und Ähnliches kann für den aufs Grundsätzliche gerichteten hohen Ministerialbeamten gelten. Andererseits können gerade die Grundvoraussetzungen einer solchen Cheftätigkeit — Initiative, Entscheidungskraft, Loyalität für die Mitarbeiter — auch auf anderen, und nicht nur auf akademischen Berufswegen erworben werden. Nicht nur der Nationalökonom ist als „Schmalspurjurist", aber mit einer für die modernen Aufgaben der Städte bedeutungsvollen Spezialausbildung in das einstige „Juristenmonopol" eingedrungen; unmittelbar aus dem praktischen Wirtschaftsleben sind der Kommunalverwaltung Leitungskräfte zugewachsen. Mancher hat von einem Spezialgebiet aus, vom Bauwesen, vom Gesundheitswesen her, das Gesamt der Kommunalverwaltung so zu überblicken gelernt, daß er in die Spitze vordringen konnte. Häufig hat man das bei Kämmerern erlebt. Es entspricht der „ministeriellen" Komponente in dem Aufgabenspiegel eines leitenden Kommunalbeamten, daß auch die Politik sich häufig als ein Weg in das zentrale Amtszimmer des Rathauses erweist.

So sehr also die Persönlichkeitskomponente im Bild des Verwaltungschefs betonen ist, so wenig sollte man die rein fachlichen Anforderungen, die an ihn gestellt werden, unterschätzen. Gerade wer den Bürgermeister oder Stadtdirektor einer mittleren oder kleinen Stadt mit nur wenigen entscheidungsfähigen Mitarbeitern in Aktion sieht, wird oft von hohem Respekt für die Fülle und Vielseitigkeit des hier eingesetzten Wissens und Könnens erfüllt werden.

c) Dezernate und Dezernenten

Entscheidungsfähige Mitarbeiter — das gibt ein Stichwort für die Männer (allzu selten auch Frauen), die dem Leiter der Verwaltung hauptamtlich beigeordnet sind, heißen sie nun Beigeordnete, Stadträte oder anders. Das Wort „Dezernent", das in den meisten Städten ihre Funktion bezeichnet (in Bayern sagt man freilich „Referent"), besagt, was ihre Aufgabe ist: entscheiden. Insofern sind sie in der Tat dem Bürgermeister auch bei rechtlicher Unterstellung „beigeordnet", als sie ihm einen Teil der Entscheidungslast für ihre jeweiligen Fachgebiete abnehmen. Die klare Gliederung und der gestraffte Aufbau der inneren Gemeindeverwaltung in Deutschland bilden einen auch international oft anerkannten Vorzug; ein englischer Beobachter, der die Verwaltungsgliederung und Zuständigkeitsverteilung in Deutschland insgesamt herb tadelt, hat für diese innerkommunale Organisation hohes Lob übrig[44]).

Grundlage dieser Organisation ist das „Amt", das auf eine bestimmte Aufgabe spezialisiert ist, das Hochbauamt, das Tiefbauamt, das Sozialamt, das Kulturamt und viele andere — die Zahl der Ämter ist naturgemäß bei großen Städten größer und kann mehrere Dutzend betragen. Diese Ämter nun werden gebündelt in den Dezernaten. Hier sind grundsätzliche Richtlinien zu geben, Zweifelsfälle zu entscheiden und die Entscheidung zu vertreten, wenn es gegenüber dem Rat, dem Chef, der Aufsichtsbehörde nötig wird. Hier ist die Verbindung nach oben und zur Seite zu halten, so daß nicht in den verschiedenen Bereichen der Verwaltung auseinanderlaufende Entschlüsse fallen. Beim Bau eines Schulhauses etwa sind neben dem Schulamt das Hochbauamt, das Tiefbauamt (wegen der Straßen und Leitungen), das Ordnungsamt (wegen der Sicherung der Schulwege), vielleicht das Sozialamt, das eine Mütterberatungsstelle in dem Gebäude einrichten will, das Gesundheitsamt, das Kulturamt (wegen der Benutzung der Aula für volksbildnerische Veranstaltungen oder wegen der Einrichtung einer Zweigstelle der städtischen Bücherei), nicht zu vergessen die Grundstücksverwaltung wegen des Geländes und die Kämmerei wegen der Finanzierung beteiligt. Verwalten heißt, wie an anderer Stelle gesagt, nicht zuletzt auch koordinieren. Einer gegenseitigen Information und Abstim-

[44]) Marshall, S. 172.

mung dienen außer dem unerläßlichen Aktenverkehr die im allgemeinen allwöchentlich stattfindenden Beigeordnetenkonferenzen. Wenn man von auswärtigen Besuchern oft gefragt wird, wie denn das Problem der Koordination in der deutschen Kommunalverwaltung gelöst werde, so ergibt sich nicht selten, daß man in dem betreffenden ausländischen Kommunalsystem gerade dieses Instrument eines über den Ämtern stehenden und eng zusammenwirkenden Führungsstabes nicht kennt.

Auf dieser „Ebene" der Dezernenten wird also Fachwissen, daneben aber auch planerische Phantasie und Geschick im Umgang mit Menschen verlangt. Der Dezernent ist der Partner der auf seinem Arbeitsgebiet bestehenden Fachausschüsse des Rates, und das kann naturgemäß auch einmal zu Friktionen führen. Je mehr sich die Probleme der einzelnen Fachgebiete und ihrer Behandlung komplizieren, desto stärker wird der fachlich und ganztägig mit ihnen befaßte Spezialist gegenüber dem ehrenamtlichen Ratsherrn erscheinen; und dieser mag gelegentlich den Verdacht haben, er werde „manipuliert". Immer wieder muß das Gleichgewicht und ein begründetes Vertrauensverhältnis zwischen Ehrenamt und Fachmann neu erworben werden.

Die Kommunale Gemeinschaftsstelle für Verwaltungsvereinfachung (vgl. S. 163) hat folgende Verwaltungsgliederung empfohlen, die von zahlreichen Gemeinden angewandt wird: 1 Allgemeine Verwaltung, 2 Finanzverwaltung, 3 Rechts-, Sicherheits- und Ordnungsverwaltung, 4 Schul- und Kulturverwaltung, 5 Sozial- und Gesundheitsverwaltung, 6 Bauverwaltung, 7 Verwaltung für öffentliche Einrichtungen, 8 Verwaltung für Wirtschaft und Verkehr. Je nach Größe der Verwaltung werden auch mehrere Dezernate in einer Hand vereinigt, andererseits auch in großen Städten große Dezernate geteilt (etwa 2 in je ein Dezernat für Schule und Kultur, 6 in je ein Hochbau- und Tiefbaudezernat). In kleineren Verwaltungen übernimmt der Verwaltungsleiter auch Fachdezernate. Der Leiter der Finanzverwaltung wird durch die traditionelle Bezeichnung „Kämmerer" hervorgehoben. — Die Bezifferung des Haushaltsplanes richtet sich nach früheren Gewohnheiten und weicht dann in einigen Punkten von der Dezernatsgliederung ab.

Gerade auf der Stufe der Dezernenten greifen die Städte weit über den Kreis der Verwaltungsjuristen hinaus. Aus den Fachgebieten ergibt sich, daß Lehrer, Fürsorger, Ärzte, Architekten, Ingenieure, Kaufleute, Journalisten und Angehörige anderer Kulturberufe in die Spitzenstellungen berufen werden. Diese Mischung gibt der Kommunalverwaltung im Vergleich mit anderen Verwaltungen oft das Element der Lebens- und Praxisnähe. Man mag hier in Parallele zum Charakter des Rates einen Hinweis darauf sehen, daß die beamtete Spitze der Stadt weniger Regierungs- als Verwaltungsfunktionen hat. Wenn man der Vorstellung des „Fachministers" mit berechtigten Bedenken gegenüberstehen kann, weil bei ihm die politische Qualifikation eindeutig im Vordergrund steht, so werden vom leitenden Verwaltungsmann in höherem Grade spezielle Fachkenntnisse erwartet. Aber man darf eine solche Feststellung nicht pressen: der junge Ernst Reuter, Philologe und Politiker, war ein hervorragender Verkehrsdezernent im Berlin der zwanziger Jahre. Jedenfalls in kreisfreien Städten muß wenigstens einer dieses Kreises, der Verwaltungschef selbst oder einer der Beigeordneten, die Berechtigung zum höheren Justiz- oder Verwaltungsdienst haben, das heißt im allgemeinen: er muß sein juristisches Assesorexamen bestanden haben; in Sonderfällen kann z. B. in Nordrhein-Westfalen diese Qualifikation von der Regierung auch Persönlichkeiten bestätigt werden, die sie in der Verwaltungspraxis erworben haben. Die moderne Verwaltung enthält in der Beziehung zum Bürger, zur Wirtschaft, zum Staat so viele rechtliche Elemente, daß ein juristisches Urteil jederzeit gesichert sein muß, jedenfalls in größeren Verwaltungen, also bei kreisfreien Städten und entsprechend in Landkreisen.

Es ist eine Spezialität des deutschen Kommunalrechts, daß diese leitenden Beamten — Bürgermeister bzw. Gemeindedirektor/Stadtdirektor und Beigeordnete — nur für eine begrenzte Zeit, als „Zeitbeamte", gewählt werden (von der Bevölkerung oder vom Rat). Damit wird die politische Komponente ihrer Position unterstrichen. Im Gegensatz zu den auf Lebenszeit bestellten sonstigen Beamten hat die Gemeinde damit die Möglichkeit, Spitzenkräfte auszuwechseln — sei es, weil sie sich nicht bewährt haben, sei es, weil die politischen Verhältnisse sich geändert haben. Es kommt verhältnismäßig selten vor, aber es kommt vor. Das in dieser Möglichkeit liegende Risiko wird abgemildert durch die Tatsache, daß der nicht wiedergewählte Beamte seine bis dahin erworbene Pension erhält. Die Wahlzeit ist in den einzelnen Bundesländern verschieden, 6, 8 oder 12 Jahre. Wenn der Beamte sich nicht zur Wiederwahl stellt, verliert er seinen Pensionsanspruch. In einzelnen Ländern besteht auch die Möglichkeit, einen Wahlbeamten unter gewissen Kautelen vorzeitig abzuwählen[45]).

d) Die Mitarbeiter

Unter den Dezernenten arbeitet in der Regel eine verhältnismäßig kleine Zahl von Beamten des „höheren Dienstes", also im allgemeinen mit akademischer Vorbildung, aber auch „Aufstiegsbeamten". Unter ihnen sind in der eigentlichen Verwaltung verhältnismäßig viele Juristen; einerseits bedürfen die aus anderen Gebieten kommenden Fachdezernenten häufig juristischen Rates, andererseits muß die Arbeit, müssen die Entscheidungen der einzelnen Ämter juristisch einwandfrei sein, wo es etwa um die Bewilligung von Sozialbeihilfen, um Baugenehmigungen und sonstige Maßnahmen von oft schwerwiegender Bedeutung für den betroffenen Bürger geht. Stärker als in vielen anderen Ländern ist in Deutschland der Bürger gegen Willkür und Irrtum der Verwaltung durch die Verwaltungsgerichte gedeckt — ein zusätzlicher Grund dafür, behördliche Maßnahmen auch rechtlich abzusichern. Verschiedene Ämter bedürfen, insbesondere in großen Städten, sonstiger akademischer Spezialisten unterschiedlicher Richtung, unter Umständen mehrerer; man denke etwa an das Bauamt auf der einen, das Statistische Amt auf der anderen Seite.

Das Rückgrat der laufenden Verwaltung aber ist der *„gehobene Dienst"* aus dem „mittleren" Dienst der Sekretäre herausgehoben, unter dem noch der „einfache" Dienst

[45]) Vgl. zu diesem Abschnitt Heidi Lambert, Das hauptamtliche kommunale Wahlamt, Diss., Köln 1969, insbes. S. 52, 204 ff.

der Boten und anderer Hilfskräfte steht. Er ist auch in der staatlichen Verwaltung wichtig, er hat aber in der Kommunalverwaltung einen besonderen Charakter. Er hat hier wie dort die gleichen Voraussetzungen: grundsätzlich Abschluß der höheren Schule und dann eine dreijährige Ausbildung in der Verwaltungspraxis mit theoretischer Ergänzung und Fortführung in besonderen Verwaltungsschulen und -akademien. Die Besonderheit des kommunalen gehobenen Dienstes ist seine vielseitige Verwendbarkeit. Der Inspektor, Oberinspektor, Amtmann ist grundsätzlich nicht für den Dienst im Gesundheitsamt oder im Ordnungsamt oder im Wohnungsbauamt vorgebildet. Er ist nicht ein Spezialist eines Sachgebietes, sondern Spezialist des Verwaltens, das er nötigenfalls rasch wechselnd auf verschiedenen Gebieten ausüben kann. Natürlich setzt sich auf die Dauer beim Einzelnen oft eine gewisse Verfachlichung durch. Die Ausbildung der Sparkassenbeamten ist weitgehend verselbständigt, wenn auch immer noch benachbart. Den Amtmann, der sich auf die Vorbereitung des Haushalts eingearbeitet hat, wird der Kämmerer nicht an ein anderes Dezernat abgeben, und so ergeben sich im Laufe des Berufslebens manche Spezialisierungen; nicht wenige Angehörige des gehobenen Dienstes werden angesehene Fachleute. Aber das Prinzip der vielseitigen Verwendbarkeit ist nicht ganz aufgegeben, und es trägt wesentlich dazu bei, der Kommunalverwaltung ihre Flexibilität zu geben. Sie bedarf dieser Beweglichkeit, weil ihre Aufgaben und die Schwerpunkte ihrer Aufgaben sich häufig verändern. Nach dem Zweiten Weltkriege sind mit dem Wiederaufbau, mit dem Lastenausgleich, mit der Fürsorge für Kriegsopfer neue Aufgaben übernommen worden, für die Fachpersonal nicht zur Verfügung stand, sondern die mit einem vielseitig verwendbaren Stabe ausgeführt werden mußten. Wer erlebt hat, wie binnen weniger Tage, noch unter den unmittelbar spürbaren Folgen des Krieges, die Technik des Geldumtausches bei der Währungsumstellung bewältigt werden mußte, hat einen starken Eindruck von dieser Improvisationsfähigkeit eines vielseitig verwendbaren Verwaltungsstabes erhalten. So rekrutieren sich aus dem gehobenen Dienst auch häufig Bürgermeister (bzw. Gemeinde- und Stadtdirektoren) kleiner und auch mittlerer Gemeinden, der eine oder andere seiner Vertreter steigt wohl zum großstädtischen Dezernenten auf.

Der Unterschied zwischen Beamten und Angestellten ebnet sich ein. Die Vorstellung, daß der Beamte für „hoheitliche“ Aufgaben zuständig sei, ist schwer zu vollziehen, weil dieser Begriff dehnbar ist. Die Kündbarkeit von Angestellten wird gerade im öffentlichen Dienst immer mehr erschwert, ihre Versorgung durch Zusatzversorgungskassen der Beamtenpension angenähert. Wichtiger als dieser Unterschied ist im kommunalen Dienst das Verhältnis zwischen solchen „Bediensteten“, die reine Verwaltungsaufgaben erledigen und denen, die unmittelbare Dienste am Bürger erfüllen. Die Vorstellung, daß das Rathaus ein Silo voll aktenwälzender Bürokraten sei, ist falsch. Mit den immer größeren Anforderungen, die der Bürger für sein häusliches und berufliches Dasein, insbesondere aber auch für eine sinnvolle Erfüllung seiner Freizeit an die „öffentliche Hand“ richtet, verwandelt sich die Gemeinde aus einer hoheitlichen Verwaltung in einen Dienstleistungsbetrieb.

Die Stadt Köln, um ein Beispiel zu nennen, hatte 1976 (nach Vergrößerung durch Eingemeindungen) in ihrem Stellenplan etwa 18 000 Stellen. Darin wurden etwa 10 000 Angestellte, 7000 Arbeiter und 3000 Beamte beschäftigt (unter ihnen Teil- und Kurzzeitmitarbeiter, von denen mehrere auf einer Stelle geführt werden können). In welchem Umfange es sich dabei nicht um Verwaltungskräfte handelt, sondern um solche, die unmittelbare Dienste für den Bürger leisten, geht aus den Zahlen für einige Berufsgruppen hervor:

2100 Ärzte, Krankenschwestern und -pfleger, Krankengymnastinnen usw. im Gesundheitsdienst und in der Altenpflege
1400 Kindergärtnerinnen, Erzieher, Sozialarbeiter usw. in Kindergärten und -heimen, in der Jugendarbeit usw.
85 Lehrer (zusätzlich zu den vom Lande bezahlten für Sonderaufgaben von der Stadt eingestellt)
24 Schulpsychologen
300 Fachmitarbeiter in Bibliotheken und Museen

1240 Diplomingenieure, Ingenieure, Architekten, Techniker usw.
800 Beamte und Angestellte bei der Feuerwehr

Man darf für Verwaltungsaufgaben etwa ein Fünftel der Gesamtzahl einsetzen, einschließlich derer, die nicht „die Verwaltung verwalten", sondern Einrichtungen wie Krankenhäuser, Theater usw. Vier Fünftel des Personals sind mit Dienstleistungen beschäftigt, deren Ausfall die ganze Bürgerschaft oder ihr jeweils interessierter Teil mit Empörung vermerken würde, sei es nun die Müllabfuhr, das Schwimmbad oder die Bücherei. Gerade an diese Dienstleistungen werden steigende Anforderungen gestellt, so daß dort auch das Schwergewicht von Personalvermehrungen liegt. Dienstleistungsbetriebe sind personalintensiv, und sie werden immer wieder vermehrt. Die Kindergartengesetze der Länder z. B. verpflichteten die Gemeinden, Kindergartenplätze für einen großen Teil der Kinder im entsprechenden Alter einzurichten.

Der durch diese Entwicklung verursachten Personalvermehrung suchen die Städte durch Rationalisierungsmaßnahmen entgegenzuwirken, z. B. durch konsequente Einführung der automatisierten Datenverarbeitung. Die Stadt Köln[46]) hat in den Jahren 1971—1976 durch Rationalisierung 920 Stellen eingespart, weitere 1139 durch sonstige Maßnahmen, z. B. Privatisierung des Schlachthofes.

e) *Spiel und Gegenspiel*

Für die Gesamtheit des Verwaltungspersonals wird man, wenn auch mit Nuancen, gelten lassen müssen, was schon zu einzelnen seiner Gruppen gesagt wurde: sie steht in einer Doppelbeziehung von Abhängigkeit und Gegenspiel zur Gemeindevertretung. Beim Leiter der Verwaltung kommt das besonders deutlich zum Ausdruck in der gesetzlichen Widerspruchspflicht gegen rechtswidrige Beschlüsse des Rats. Sie ist in sämtlichen Gemeindeordnungen festge-

[46]) Einzelheiten in einer dem Kölner Haushaltsplan für 1977 beigegebenen Untersuchung „Personalentwicklung der Stadtverwaltung Köln seit 1966".

legt. Wo sie außerdem in gemeindlichen Hauptsatzungen wiederkehrt, ist das nicht nur als ein Akt der Courtoisie oder des betonten Willens zur Kooperation zu verstehen. Der Rat beugt sich nicht nur der gesetzlichen Vorschrift, sondern er bestellt den Verwaltungsleiter seinerseits freiwillig zu seinem rechtlichen Berater. Wenn er einem Beschluß aus diesem Grunde, der vermuteten oder gewissen Rechtswidrigkeit, widerspricht, so bedeutet das nicht einen feindseligen Akt, sondern er handelt im Auftrage des Rates selbst. Darin liegt zugleich eine Sicherung für den Rat. Er kann, wenn kein Widerspruch dieser Art erfolgt, guten Glaubens unterstellen, daß sein Beschluß rechtens sei; die am Beschluß Beteiligten könnten, wenn sich das Gegenteil herausstellen sollte, schwerlich der groben Fahrlässigkeit geziehen und für etwaige Schäden haftbar gemacht werden. Insgesamt kann die Zusammenarbeit von Laienelement und Fachbeamten zu der Vorstellung führen, wie sie ein soziologischer Beobachter formuliert: „Kommunalpolitiker und Kommunalbeamte stehen in einem Konflikt. Auf der einen Seite sollen die Geschäfte der Stadt reibungslos, schnell, sachgemäß und möglichst billig erledigt werden. Die Einmischung der Bürgerschaft wirkt aber hindernd auf die Schnelligkeit, erschwert möglicherweise die sachgemäße Entscheidung und erhöht damit eventuell die Kosten. Auf der anderen Seite soll die Bürgerschaft beteiligt werden, die Gemeinde wird zum Trainingsfeld der Demokratie erklärt“[47]). Eine solche Konfliktsituation kann zweifellos eintreten; ebenso kann es vorkommen, daß ein sachverständiger Rat von Bürgervertretern — eines Bankmannes für den Kämmerer, eines Architekten für den Planer — sich als sehr nützlich für die Verwaltung erweist. Es zeigt sich auch hier, daß die Demokratie eine unvollkommene Staatsform ist, nur daß nach einem Churchill zugeschriebenen Wort eine weniger fehlerhafte noch nicht erfunden worden ist. Autoritäre Staaten mit einem — wirklich oder scheinbar — stromlinienförmigen Verwaltungsapparat haben sich im Endergebnis als wesentlich teurer erwiesen. Es scheint nicht darauf anzukommen, ob man einen Staat ohne Nachteile

[47]) Oswald, Überschätzte Stadt, S. 153.

haben will, sondern welche Nachteile man in Kauf zu nehmen bereit ist. Demokratie ist zeitraubend und teuer, sichert aber in höherem Maße als andere Staatsformen gegen Korruption und Willkürherrschaft.

f) Das Wort der Parteien

In diesen Zusammenhang gehört das Kapitel der Ämterpatronage durch die politischen Parteien. Es ist außer Zweifel, daß die Demokratisierung zu einer Politisierung der Kommunalverwaltung geführt hat — richtiger sollte man vielleicht sagen, daß sie die Politisierung sichtbar gemacht hat. Denn es ist ein Mythos, daß die Bürokratie vergangener monarchischer Zeiten fachlich-unpolitisch gewesen sei. Sie war mit geringen Ausnahmen einseitig politisch, nämlich konservativ oder nationalliberal — durchaus zulässige politische Gesinnungen, aber eben politische, und im vorliegenden Fall politisch einseitig herrschende Gesinnungen. Es war nicht eigentlich verwunderlich, daß nach dem Sturz der Monarchien die nun zu einem Anteil an der Macht kommenden Parteien auch einen Anteil an der Verwaltung verlangten. Trotzdem hat sich hier im Laufe der Jahrzehnte offensichtlich ein Problem, in gewissem Grade ein Übelstand entwickelt. Man kommt ihm nicht näher mit der Redensart, es müsse ohne Rücksicht auf Gesichtspunkte der Partei oder der Weltanschauung „der beste Mann" auf den richtigen Platz gesetzt werden. Es wäre ein Armutszeugnis für eine große Nation, wenn sie jeweils für eine, auch wichtige Funktion nur einen, „den besten", Mann zur Verfügung hätte. Selbstverständlich gibt es im Normfall mehrere fachlich etwa gleich qualifizierte Kräfte, und dann kann es durchaus sinnvoll sein, bei der Auswahl ergänzend, zur Sicherung eines befriedeten politischen Klimas, auch politisch-weltanschauliche Gesichtspunkte heranzuziehen. Bedenklicher sieht es schon aus, wenn einfach einer Partei das Vorschlagsrecht für einen bestimmten Posten, etwa ein Beigeordnetenamt, zugesprochen wird. Das ist dann so etwas wie ein vorweggenommener Kompromiß — und Politik, im besonderen Kommunalpolitik, ist zu einem gewissen Grade institutionalisierter Kompromiß. Aber man begibt sich damit allzu leicht der Möglichkeit, auch qualifizierte Anwärter aus der großen Mehrzahl jener Bürger zu prüfen, die sich nicht für eine der wenigen zur Auswahl stehenden Parteien entscheiden können. In gewisser Weise kommt hier wieder jenes Element zum Tragen, mit dem der Rat eben doch so etwas wie ein Parlament und das Kollegium der leitenden Beamten so etwas wie eine Regierung ist. Übrigens ist es nicht so, daß parteilose Bewerber überall und immer chancenlos wären. Man findet sie erfolgreich zum Beispiel auf Posten, bei denen ein Versagen sehr unmittelbar evident werden kann, etwa in der Kämmerei oder im Baudezernat, oder auch in Fällen, wo das politische Gleichgewicht eine neutrale Figur wünschbar macht, etwa in kulturellen Dezernaten.

Selbst bei weitherziger Betrachtung ist aber das Parteipatronat außerhalb des in gewissem Grade „politischen" Führungsstabes der Verwaltung sicherlich unangebracht. Die Bestellung eines Chefarztes, die Beförderung eines Oberinspektors zum Amtmann, der Vorschlag an die Regierung für die Ernennung eines Oberstudienrats am städtischen Gymnasium sind keine geeigneten Objekte für politischen Proporz und Ämterpatronage — oder sollten es nicht sein.

Ein englischer Beobachter, dem das System der Ämterpatronage befremdlich ist — obwohl man bei allem Respekt vor dem civil-service-Gedanken gewiß nicht annehmen soll, daß kein englischer Stadtrat sich die Bewerber um das Amt des town clerk *auch* unter politischen Gesichtspunkten ansehe — findet es nicht notwendig undemokratisch, weil die so gewählten Beamten voll verantwortlich seien[48]).

g) Beamter — Gesellschaft — Politik

Derselbe Beobachter hat empfunden, was dem Deutschen wohl gar nicht mehr so auffällig scheint, daß im deutschen Berufsbeamtentum noch immer ein übergroßes Stück Kastengeist und Standesstolz stecke[49]): „Es gibt schwerlich einen Vergleich in der westlichen Welt für das Prestige, das

[48]) Marshall, S. 177.
[49]) Marshall, S. 138 f.

den deutschen Beamten so lange von der übrigen Bevölkerung getrennt hat, noch auch für den exklusiven Korpsgeist, den das Beamtentum intern entwickelt hat — Charakteristika, die durch die modernen Verhältnisse ausgehöhlt werden, die aber fortbestehen ... Beamte werden immer noch dienstlich und privat mit ihren Titeln angeredet. Zugehörigkeit zu den obersten Rängen gibt gesellschaftliches Ansehen, und eine gewisse Bedeutung verleiht auch noch der bescheidenste Rang. Gelegentlich kann man beobachten, daß der Respekt, den in England üblicherweise der bezahlte Beamte dem Parlamentarier bezeigt, in umgekehrter Richtung auftritt; es ist der Parlamentarier, der Respekt zeigt." Da jedenfalls im „höheren Dienst" durch gemeinsame Ausbildung und auch öfteren Wechsel unzweifelbar Gemeinsamkeiten zwischen Staatsbeamten und Kommunalbeamten bestehen, vermerkt Marshall mit einem spürbaren Störgefühl den „Verdacht, daß ein deutscher Kommunalbeamter, der seinen Partner in der Landesregierung besucht, sich mehr zu Hause fühlt als ein leitender englischer (Kommunal-)Beamter in Whitehall". Das braucht nicht unbedingt ein Nachteil zu sein; aber wir haben gewiß Anlaß, zu prüfen, ob uns diese Jacke paßt.

Daß Beamte und Angestellte der Gemeinde nicht dem Rat angehören dürfen, ist nicht in allen Gemeindeordnungen festgelegt: es sollte aber selbstverständlich sein, und wo der Grundsatz noch nicht gilt, ist man bestrebt, ihn durchzusetzen Der Untergebene kann nicht seinen Vorgesetzten als Mitglied des kollektiven Dienstherrn gegenübertreten. Ob Angehörige des Rates, wie es gelegentlich geschieht, in leitende Posten der Verwaltung überwechseln sollten, ist eine Stilfrage, die von Fall zu Fall unterschiedlich liegen mag. Bei strenger Betrachtung widerspricht ein solcher Vorgang der über die Verwaltung hinausgehobenen Stellung des Rates. Selbstverständlich ist, daß ein Beamter der Aufsichtsbehörde (also etwa ein Regierungsrat in der Kommunalabteilung des Regierungspräsidenten) nicht dem Rat seiner Wohnsitzgemeinde angehören kann, wenn er an der Aufsicht über sie beteiligt ist. Dieser Grundsatz der Unvereinbarkeit („Inkompatibilität") gewisser Funktionen wird zunehmend auch in dem Sinne ausgelegt, daß kommunale Beamte, etwa Bürgermeister oder Gemeinde- und Stadtdirektoren nicht einem staatlichen Parlament angehören dürfen, weil dieses in einem indirekten Sinne, als Dienstherr der staatlichen Verwaltung, auch die Aufsicht über die Gemeinden wahrnimmt. Damit verhindert man die Vertretung der Gemeinden und die Inanspruchnahme des kommunalen Sachverstandes in den staatlichen Parlamenten. Im monarchischen Preußen wurden Oberbürgermeister in größerer Zahl in das Herrenhaus berufen, und sie bildeten dort ein Element der Belebung und der Fortentwicklung. Im Preußischen Staatsrat der Ersten („Weimarer") Republik waren die Gemeinden wenigstens auf dem Umweg über die Provinzen vertreten, und so konnte der Oberbürgermeister von Köln, Adenauer, Präsident dieses Gremiums sein.

6. Die Finanzen

a) Finanzausgleich

Mit dem Wesen der Selbstverwaltung ist die freie Verfügung über eigene Finanzmittel notwendig verbunden. Nur sie erlaubt einer Gemeinde die Entwicklung eigener Initiative und die Bildung von Schwerpunkten, in denen der besondere Charakter einer Gemeinde (insbesondere auch einer Stadt) sich ausdrücken kann. Wenn etwa eine Gemeinde das berufsbildende Schulwesen auf einem Spezialgebiet der örtlichen Wirtschaft über gesetzliche Pflicht hinaus entwickeln will (Beispiel: Pforzheim mit seiner Schmuckindustrie), wenn sie entscheiden muß, ob sie kulturpolitisch Theater, Museum, Bücherei oder Volkshochschule bevorzugt fördern will, wenn sie ihren Flußhafen auszubauen wünscht — in jedem Fall braucht sie Mittel über den Routinebedarf hinaus.

Dem Streben nach kommunaler Individualisierung und Fortführung überkommener Individualität steht die sich ständig verstärkende regionale, nationale und internationale Verflechtung von Wirtschaft und Gesellschaft ebenso entgegen wie das Gebot sozialer Gerechtigkeit. Das Grundgesetz, Art. 72, verlangt vom Bund „die Wahrung der Einheitlichkeit der Lebensverhältnisse über das Gebiet eines Landes hinaus". Natürlich kann man das Ruhrgebiet nicht in den Bayerischen Wald verlegen (und umgekehrt); aber die Forderung nach Einheitlichkeit der Lebensverhältnisse hat doch, wenn sie einigermaßen konsequent vertreten wird, erhebliche Auswirkungen auf die Gemeinden, im besonderen auf ihre wirtschaftliche und kulturelle Infrastruktur — und damit auf ihre Finanzen.

So entsteht ein nicht einfach aufzuhebender Widerspruch zwischen zwei legitimen Prinzipien: individualisierender Selbstverwaltung und vereinheitlichendem Ausgleich. In allen Staaten trägt dieser Tatbestand zur Tendenz der Zentralisierung und damit zu einer Verstärkung des zentralen Staatshaushaltes bei. Die äußerste Konsequenz wäre finanzpolitisch eine große gemeinsame Staatskasse, in die alle öffentlichen Einnahmen flössen und aus der die Untergliederungen Länder, Kreise, Gemeinden usw. nach einem Schlüssel (am gröbsten: nach der Einwohnerzahl) dotiert würden. Das wäre der Initiative und der in Deutschland noch immer reichen Vielfalt an landschaftlichen und örtlichen Charakteren abträglich. Es ist auch so nicht realisierbar, aber eine Tendenz in dieser Richtung besteht international, am schärfsten in den sozialistischen Ländern. In Deutschland sucht man traditionell einen eigenen Weg, durch einen Finanzausgleich[50]), der in einem möglichst ausgewogenen und immer wieder überprüften System die Masse der öffentlichen Einnahmen auf die Träger öffentlicher Aufgaben verteilt, sei es, daß ihnen bestimmte Steuern oder andere Einnahmen (z. B. Zölle) zur alleinigen Ausschöpfung überlassen werden, sei es, daß sie einen Anteil an bestimmten Steuern erhalten, sei es schließlich, daß sie aus den Einnahmen anderer (also etwa die Gemeinden aus den Einnahmen der Länder) zusätzlich dotiert werden. In der Praxis hat sich ein Mischsystem aus den verschiedenen Möglichkeiten herausgebildet, weil man nur so den kom-

[50]) Engelbert Münstermann, Die Berücksichtigung zentralörtlicher Funktionen im kommunalen Finanzausgleich (Forschungsberichte des Landes Nordrhein-Westfalen, Nr. 2520), 1975.

plizierten Tatbeständen, den unterschiedlichen Kräfteverhältnissen einigermaßen gerecht werden kann.

Der Finanzausgleich muß sich in zwei Richtungen vollziehen: *vertikal* zwischen den drei Stufen Bund, Ländern, Gemeinden (Gemeindeverbänden), *horizontal* auf der jeweiligen Ebene, also zwischen den Ländern und zwischen den Gemeinden. Hier gibt es, wie bei den Ländern, solche, die erheblich über dem Durchschnitt mit steuerkräftigen Bürgern und/oder potenten Wirtschaftskräften gesegnet sind (Beispiele: Leverkusen mit Bayer, Rüsselsheim mit Opel). Sie werden vom Finanzausgleich negativ betroffen. Zuständig für den kommunalen Finanzausgleich sind die Länder. Sie vollziehen ihn, indem sie aus ihrem Anteil an den großen Steuern, die sie mit dem Bund teilen (insbesondere Lohn- und Einkommensteuer, Mehrwertsteuer) Zuwendungen an die Gemeinden geben, teils als allgemeine finanzielle Unterstützung, teils auch für bestimmte Zwecke. Dabei werden nicht alle Gemeinden gleichmäßig behandelt, sondern ihre allgemeine wirtschaftliche und finanzielle Lage wird so berücksichtigt, daß sich ein zwar nicht vollständiger, aber doch wirksamer Ausgleich ihrer Leistungsfähigkeit ergibt. (Finanzausgleichszahlungen von Gemeinde zu Gemeinde finden also nicht statt.)

b) Der Haushaltsplan

Eine Woche lang liegt der Haushaltsentwurf im Rathaus auf, und später noch einmal der vom Rat verabschiedete Etat. Er liegt da in ungestörter Ruhe. Wenn ihn zwei oder drei Bürger einzusehen begehren, ist das schon viel. Solche Interesselosigkeit wird oft als besonders deutliches und verdammenswertes Beispiel mangelnder Anteilnahme am öffentlichen Wohl getadelt. Es wäre sinnvoll, die Tadler zu fragen, ob sie selbst denn im vergangenen Jahr in den Haushaltsplan ihrer eigenen Stadt Einsicht genommen — und was sie davon verstanden, was sie daraufhin unternommen hätten. Das ist nämlich eine Lektüre, mit der der schlichte Bürger wenig anfangen kann. Nicht mit Unrecht hat eine Stadt dem Kurzfilm, mit dem sie ihre Bürger über Entstehung und Wesen des Haushalts zu unterrichten unternahm, den Titel „Das Buch mit sieben Siegeln" gegeben. In der Tat ist dieses Buch nur vom Fachmann zu lesen, und auch von dem nur, wenn er einige Mühe daran wendet oder wenn er auf einen ganz bestimmten Punkt ausgeht. (Ist in diesem Jahre endlich ein Betrag für die Errichtung eines Kindergartens im Stadtteil X vorgesehen?) Kammern und Fachverbände haben eher als der einzelne Bürger die Möglichkeit, die Einsicht in den Haushaltsplan fachkundig zu nutzen, sofern sie nicht schon bei seiner Vorbereitung zu Rate gezogen werden. Manche Städte geben als Faltblatt eine erläuterte Kurzfassung ihres Haushaltsplanes aus, und das ist dann gewiß eine wertvolle Hilfe dazu, wenigstens eine Vorstellung von den Größenordnungen und Rangordnungen zu bekommen; in diesem Sinne kann auch mancher Lehrer das Blatt im bürgerkundlichen Unterricht, oder wie immer das Fach heiße, mit Nutzen verwenden. Aber für eine breite Information der Bürgerschaft ist auch hier der beste Helfer eine sachkundig geleitete Ortspresse, die nicht nur knapp, sondern ausführlich und mit kritischem Blick den Haushalt durchleuchtet und darstellt. Dann mag deutlich werden, daß es sich hier nicht nur um langweilige Zahlen handelt, sondern um die sachliche Planung der Stadt, um einen Überblick über die Organisation, um ein Dokument, das jeden Einzelnen betrifft.

Im Zusammenhang mit der Finanzreform von 1969/70 haben alle Bundesländer einzeln, aber auf Grund vorheriger Abstimmung untereinander und mit dem Bund ihr Haushaltsrecht neu geregelt und dabei auch die *Struktur der kommunalen Haushalte*[51]) nachhaltig, und zwar nicht nur formal, verändert. Diese Haushaltsreform hatte den Zweck, in Gliederung und Definitionen Einheitlichkeit zwischen den Haushalten von Bund, Ländern und Gemeinden herzustellen. Damit werden alle diese Haushalte statistisch leichter erfaßbar, besser vergleichbar und im Ergebnis brauchbarer für Zwecke der Finanz-, der Landes- und insbesondere auch der Konjunkturplanung. Die Inve-

[51]) Stefan Depiereux, Grundriß des Gemeindehaushaltsrechts, Siegburg 1975. — Manfred Fuchs, Kommunales Haushaltswesen, Göttingen, 3. Aufl., 1975.

stitionen der Gemeinden und Gemeindeverbände betragen nämlich zwei Drittel der öffentlichen Investitionen in der Bundesrepublik überhaupt, ein Volumen, das die staatliche Planung insbesondere in Zeiten anfälliger Konjunktur nicht außer Acht lassen kann. Das ist ein entscheidender Grund für die neue Gliederung der Haushalte.

Früher unterschied man zwischen „ordentlichem" und „außerordentlichem" Haushalt, und zwar unter dem Gesichtspunkt der Finanzierung. Im ordentlichen Haushalt wurde veranschlagt, was aus ordentlichen, normalen Einnahmen, vor allem also aus Steuern, finanziert wurde, im außerordentlichen das, was aus außerordentlichen Einnahmen, insbesondere also Anleihen, bestritten wurde. Hatte etwa eine Gemeinde das Glück, in einem günstigen Jahre den ersten Bauabschnitt einer Schule oder eines Krankenhauses aus Steuermitteln bezahlen zu können, so erschien diese Baumaßnahme im ordentlichen Haushalt; mußte im nächsten Jahre für den Fortgang des Baus eine Anleihe aufgenommen werden, so wanderte das Objekt in den außerordentlichen Haushalt. Damit wurden die für die Konjunktursteuerung so wichtigen Investitionen verunklart. So hat man jetzt statt des früheren außerordentlichen einen „*Vermögenshaushalt*" eingerichtet, in dem alle vermögenswirksamen Maßnahmen zusammengefaßt werden.

Alles andere ist im „*Verwaltungshaushalt*" zusammengefaßt. Er enthält also insbesondere die laufenden Einnahmen und Ausgaben der Gemeinde. Neben der Verwaltung im engeren Sinne und den zahlreichen von ihr wahrgenommenen Sachausgaben umfaßt er auch die Einrichtungen und Betriebe, die nach betriebswirtschaftlichen Gesichtspunkten geführt werden (vgl. S. 43 f.). Bei den Dienstleistungsbetrieben, für deren Inanspruchnahme Gebühren erhoben werden, müssen angemessene Abschreibungen und eine angemessene Verzinsung des Anlagekapitals veranschlagt werden, damit der Haushaltsplan die vollständige Kostensituation der einzelnen Einrichtung darstellt und somit als Grundlage für die Gebührenberechnung dienen kann. (In der Praxis wird diese Kostendeckung aus sozialen und politischen Gründen oft nicht erreicht, vgl. die Tabelle S. 108.) Wenn sich im Verwaltungshaushalt ein Überschuß ergibt, so muß dieser auf den Vermögenshaushalt übertragen werden — ein Buchungsvorgang, der im vorher dargestellten Sinne der Klarheit insbesondere über die Investitionen dienen soll.

c) Die Ausgaben

Der Anteil der kommunalen Nettoausgaben an denen der Gesamtheit der sog. „öffentlichen Hände" in der Bundekrepublik Deutschland liegt etwas über einem Fünftel. Der Haushaltsplan ist das Instrument, mit dem die Gemeindevertretung die Verwaltung anweist, wie sie im kommenden Jahre zu verfahren hat, und zwar so weit wie irgend möglich bis in Einzelheiten hinein. Es werden nicht nur Globalbeträge für große Sachgebiete ausgeworfen, sondern bis in kleine und kleinste Titel hinein wird vorgeschrieben, wie die Mittel der Gemeinde zu verwenden sind. Ein solcher Plan bedarf vielmonatiger Vorbereitung, zunächst in der Verwaltung, dann in den Ausschüssen, schließlich im Plenum des Rats. Es ist selbstverständlich, ja es gehört zu ihren Pflichten, daß die einzelnen Ämter und Dezernate bei der Anmeldung ihrer Wünsche zunächst von einer möglichst guten und vollständigen Erfüllung ihrer Aufgaben ausgehen und daß sie dabei nicht nur die Erhaltung des Bestandes, sondern eine Vergrößerung oft für erforderlich halten. Steigende Kinderzahl, Anwachsen der Frauenarbeit machen mehr Kindergärten nötig, damit auch mehr Kindergärtnerinnen, die Motorisierung erzwingt weiteren Straßenbau, der „Wohlstandsmüll" kann nur mit einem vergrößerten Fuhrpark beseitigt werden usw. usw. Aber schon die laufenden Ausgaben vermehren sich, insbesondere auch die Personalkosten, und zwar weitgehend ohne unmittelbaren Einfluß der Gemeinde. Die Beamtenhälter werden staatlich geregelt, die Angestelltengehälter und Arbeiterlöhne durch Vereinbarungen der Tarifpartner. Sie können im kommunalen Bereich aus Gründen der Gerechtigkeit, bei guter Konjunktur auch aus Konkurrenzgründen nicht hinter den Leistungen der freien Wirtschaft zurückbleiben. Verkürzte Arbeitszeit erzwingt Personalvermehrung. Schon der Kämmerer, bei dem die Anforderungen der einzelnen Dezernate zusammenlaufen, muß also versuchen, sie auf das für die Gemeindekasse erträgliche Maß zurückzuführen, und diese Arbeit wird in den Fachausschüssen, im Finanz- und Hauptausschuß, äußerstenfalls, in der Praxis doch wohl selten, im Plenum des Gemeinderats fortzusetzen sein. Die Beratung des Haushaltsplanes im Plenum bietet den leitenden Beamten und den Fraktionen die Gelegenheit, die Grundfragen und Ziele der Verwaltungsarbeit darzulegen und zu diskutieren.

Den Gremien der Gemeindevertretung wird es insbesondere zukommen, eine Dringlichkeitsordnung bei den Neuanforderungen aufzustellen; ist in diesem Jahre ein Kindergarten oder eine neue Zweigstelle der Stadtbücherei nötiger? Insgesamt muß der Haushalt ausgeglichen sein. Die Gemeinde darf nicht mit einem Verlustvortrag ins nächste Jahr gehen. Im Gegenteil, wenn im vergangenen Jahr ein nicht vorausgesehenes Defizit, etwa infolge einer nicht eingeplanten Lohn- und Gehaltserhöhung, entstanden ist, muß es alsbald im neuen Haushaltsjahr ausgeglichen werden. Selbstverständlich müssen zunächst die Ausgaben gedeckt werden, zu denen die Gemeinde gesetzlich oder durch frühere Verträge verpflichtet ist. Erst danach kann berücksichtigt werden, was die Gemeinde freiwillig tut und was wünschbar ist. Das kann harte Entschlüsse verlangen, entweder zur Drosselung der Ausgaben oder zur Erhöhung der Einnahmen.

d) Die Einnahmen

Die Einnahmen der Gemeinden fließen aus verschiedenen Quellen und haben unterschiedlichen Charakter je nach dem Grund ihrer Entstehung. Die geringste Bedeutung haben Einnahmen aus dem eigenen Vermögen, da die Gemeinden im allgemeinen zwar hohe Vermögenswerte besitzen, aber normalerweise solche, die nicht Erträge bringen, sondern Kosten verursachen. Ein Schulgebäude ist unter Umständen ein erheblicher Millionenwert, aber es bringt keine Zinsen oder Mieten ein, sondern es verursacht Unterhaltungs-, Erneuerungs- und Betriebsausgaben.

Die wirklich zu Buche schlagenden eigenen Einnahmen der Gemeinde kann man zunächst unterteilen in solche, bei denen ein unmittelbares Verhältnis von Leistung und Gegenleistung besteht, und andere, die in allgemeiner Form den Bedürfnissen der Gemeinde dienen. Nur wenige Gemeinden dürften in der glücklichen Lage sein, daß diese eigenen Einnahmen ihre Selbstverwaltungsleistungen decken können; die meisten werden darauf angewiesen sein, einen mehr oder weniger hohen Zuschuß vom Staate zu erhalten, sei es in allgemeiner Form, sei es für spezielle Zwecke. Jedenfalls aber wird die Gemeinde einen Anspruch gegen den Staat wegen der Aufgaben haben, die sie in seinem Auftrage (Auftragsangelegenheiten, Pflichtaufgaben nach Weisung) erfüllt.

Das Verhältnis von Leistung und Gegenleistung ist bei einer Reihe von kommunalen Anstalten und Einrichtungen deutlich. Es schlägt sich in *Gebühren* nieder. Ob der Müllmann die Tonne im Hof regelmäßig leert, ob ich eine Theaterkarte löse, ob ich in die Badeanstalt gehe — jedesmal wird eine Leistung der Gemeinde in Anspruch genommen und dafür eine Gebühr entrichtet. Sie sollte die Kosten decken — aber sie tut es nicht immer; beim Theater und bei der Badeanstalt z. B. schießt die Stadt aus allgemeinen Haushaltsmitteln etwas zu, und bei manchen Einrichtungen,

Kostendeckungsgrade kommunaler Gebührenhaushalte 1975

Einrichtung	Durchschnittlicher Kostendeckungsgrad (%)
Straßenreinigung	59
Abwasserbeseitigung	93
Abfallbeseitigung	99
Schlacht- und Viehhöfe	80
Bestattungswesen	65
Bäder	36
Volkshochschulen	57
Musikschulen	43
Theater und Konzerte	35
Museen	11

Quelle: Deutsches Institut für Urbanistik, DST 1/1977.

häufig z. B. bei der Bücherei, regelmäßig im Stadtpark verzichtet sie ganz auf eine Gebühr. Bei allen diesen Einrichtungen erscheinen Ausgaben und Einnahmen getrennt im Haushaltsplan; es wird also nicht etwa nur ein Saldo aus beiden gebildet und nur die Differenz, Zuschuß oder Überschuß, eingesetzt. Einrichtungen, die sich nicht aus den darin erhobenen Gebühren erhalten, können unter Umständen eine peinliche Belastung für den Gemeindehaushalt bedeuten, besonders wenn sie praktisch den Bedarf eines benachbarten Gebietes mitdecken, wie es nicht selten bei Krankenhäusern der Fall ist. Einen ähnlichen Charakter wie die Gebühren haben die Beiträge, wie sie z. B. von den Anliegern einer Straße erhoben werden. Auch hier steht der finanziellen Leistung des Bürgers eine unmittelbare Gegenleistung der Gemeinde (Anlage der Straße, Beleuchtung, Kanalisation) gegenüber, die sich meistens sogar in einer Wertsteigerung des Grundbesitzes ausdrückt. Nicht in diesen Zusammenhang gehören die Verkehrs- und Wirtschaftsbetriebe, die nach wirtschaftlichen Gesichtspunkten geführt werden und heute (wie auf Seite 44 dargestellt) meistens die Rechtsform eines „Eigenbetriebes" oder einer Kapitalgesellschaft haben.

Die wichtigsten eigenen Einnahmen der Gemeinden sind ihre *Steuern*[52]). Im Grundgesetz wurden den Gemeinden 1956 — wie freilich vorher schon in der praktischen Handhabung — die „Realsteuern" zugewiesen, Steuern also, die nicht an persönliche Tatbestände (z. B. individuelles Einkommen), sondern an Realien wie einerseits Grund und Boden, andererseits den Gewerbebetrieb, anknüpfen: Grundsteuer und Gewerbesteuer. Von diesen beiden Steuern ist die Grundsteuer im Laufe der letzten Jahrzehnte im Ertrage erheblich zurückgeblieben. Der Gesetzgeber hat verhindert, daß sie der tatsächlichen Wert- und Ertragssteigerung des Grundbesitzes folgte, weil er auf dem Lande der Agrarwirtschaft helfen, weil er in der Stadt eine zusätzliche Erhöhung der Mieten vermeiden wollte. Infolgedessen hat sich das Verhältnis von Grund- und

[52]) Franz Josef Strauß, Die Finanzverfassung, München 1969.

Gewerbesteuer, die nach ursprünglicher Konzeption etwa gleichgewichtig sein sollten, verzerrt. Die Gewerbesteuer stand allein weit an der Spitze der kommunalen Steuereinnahmen. Sie ist immer wieder Gegenstand lebhafter kommunalpolitischer Auseinandersetzungen in den Gemeinden und in den staatlichen Parlamenten gewesen und wurde in die *Finanzreform* des Jahres 1969 (in Kraft getreten am 1. 1. 1970) einbezogen (Gesetz zur Neuordnung der Gemeindefinanzen).

Die *Finanzreform,* die Neuverteilung der Einnahmequellen und Einnahmen auf Bund, Länder und Gemeinden, knüpfte hinsichtlich der Gemeinden insbesondere an die Problematik der *Gewerbesteuer* an. Diese war ursprünglich zu dem Zwecke konzipiert worden, den Gemeinden gewissermaßen einen pauschalen Ausgleich für ihre Leistungen im Interesse der Wirtschaft zu bieten, also für das, was man heute als Infrastruktur bezeichnet: Straßen, Verkehrsmittel, sanitäre und kulturelle Einrichtungen u. a. m. Sie war mit Schwergewicht eine städtische Steuer. Mit dem Absinken anderer Einnahmen, u. a. der Grundsteuer, wuchs das prozentuale Gewicht der Gewerbesteuer in den Haushalten, ja die Versuchung stieg, auch in ursprünglich ländlich strukturierten Gemeinden, sie über ihre ursprüngliche Zwecksetzung hinaus zu einem Finanzierungsinstrument allgemeinen Charakters zu machen. Oft erschien es daher reizvoll, gewerbesteuerträchtige Betriebe aus fiskalischen Gründen in eine Gemeinde zu ziehen. Es konnte auch daran gedacht werden, solche Betriebe durch einen — dauernd oder zunächst — niedrigen Grundsteuersatz anzulocken, beides im Prinzip nicht illegitime Instrumente lokaler Wirtschaftsförderung und kommunalen Wettbewerbes. Aber im Rahmen des Wiederaufbaus und der Förderung der Wirtschaft nach dem Zweiten Weltkriege, die durch die begrenzten räumlichen Möglichkeiten kompliziert wurden, konnte die Gewerbesteuer zu einem der staatlichen Einwirkung in gewissem Grade entzogenen Instrument überörtlicher Landesplanung werden. Dies beanstandeten nicht nur Wirtschaftskreise, die sich — subjektiv nicht unbegreiflich — durch die Gewerbesteuer allzu stark belastet fanden; auch Politik und Staat glaubten, diese Entwicklung in den allgemeinen Rahmen von Wirtschaftspolitik und Planung einbeziehen zu müssen.

In den Zusammenhang dieser Überlegungen gehört schließlich die Tatsache, daß eine von der Gewerbesteuer finanziell abhängige Gemeinde in besonders hohem Maße von konjunkturellen Schwankungen abhängig werden kann, insbesondere dann, wenn die örtliche Gewerbesteuer mehr oder weniger einseitig von einem bestimmten Wirtschaftszweig oder gar von einem einzelnen Unternehmen aufgebracht wird. Ein Absatzrückgang bei Kraftwagen konnte für Rüsselsheim oder Wolfsburg, eine Chemiekrise für Leverkusen oder Ludwigshafen ernste kommunalpolitische Folgen haben.

Der einzelne Bürger, der zwar den Ertrag, aus dem die Gewerbesteuer gezahlt wird, mit erwirtschaftet und dessen Lohnsteuer teilweise über die staatlichen Finanzzuweisungen unsichtbar der Gemeinde zufloß, schien optisch und psychologisch zu den Bedürfnissen seines unmittelbaren Lebenskreises gar nicht beizutragen. Auch dieser Gesichtspunkt bestimmte den Grundsatz der Finanzreform, eine Art Austausch oder eine gegenseitige Beteiligung von Staat und Gemeinden an ihren Steuereinnahmen einzuführen. Erklärte Absicht war, daß die Gemeinden bei diesem „Geschäft“ besser abschneiden, also eine Vergrößerung ihrer Finanzmasse erhalten sollten. Seitdem geben die Gemeinden einen Teil ihrer Gewerbesteuereinnahmen an den Staat (Bund und Länder) ab und erhalten dafür einen Anteil an der Lohn- und Einkommensteuer. Damit besteht eine *„verbundene Steuerwirtschaft“* zwischen Staat und Gemeinden, und wie beabsichtigt war, haben die Gemeinden dabei insgesamt mehr erhalten als gegeben. Die Gewerbesteuerumlage zu Gunsten des Staates variiert in der Höhe je nach dem örtlichen Aufkommen; im Schnitt liegt sie bei 40 v. H. Die Beteiligung der Gemeinden an der Lohn- und Einkommensteuer ist auf 14 v. H. festgesetzt. Dieser Betrag wird von den Ländern nach einem Schlüssel verteilt. Insofern ist das Ziel einer psychologisch wirksamen Beteiligung der Bürger an den finanziellen Bedürfnissen ihrer Gemeinde nicht erreicht; doch wäre dies verwaltungstechnisch zweifellos sehr schwierig gewesen. In welchem Grade die Gewerbesteuer in der Tat allgemein ihre beherrschende Stellung in den kommunalen Haushalten verloren hat, zeigt das Diagramm „Tendenzen im kommunalen Steuersystem" nach dem Stande von 1975.

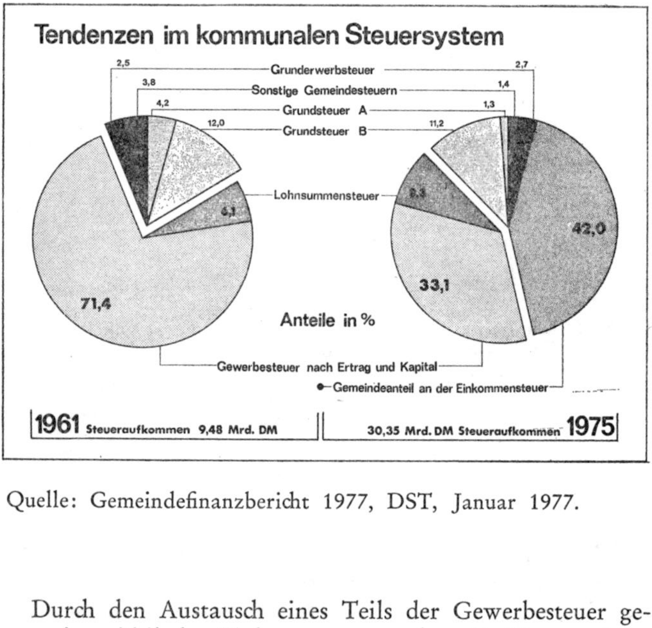

Quelle: Gemeindefinanzbericht 1977, DST, Januar 1977.

Durch den Austausch eines Teils der Gewerbesteuer gegen einen Teil der Einkommensteuer hat die Finanzreform von 1969 die überragende Stellung der Gewerbesteuer im kommunalen Finanzsystem beseitigt. Angesichts der — insbesondere inflationsbedingten — Aufblähung aller öffentlichen Haushalte decken freilich die kommunalen Steuereinnahmen 1977 nur noch 29,5 v. H. der Gesamtausgaben gegenüber 35 v. H. im Jahre 1961. Die Gemeinden betrachten deshalb ihre Forderung nach finanzieller Besserstellung durch die Finanzreform von 1970 nicht als ausreichend erfüllt.

Die Hebesätze der Gewerbesteuer werden in gesetzlichen Grenzen von den Gemeinden selbst im Anschluß an einen vom Bund festgesetzten „Meßbetrag" bestimmt. Nachdem der Bund nun selbst am Ertrage der Gewerbesteuer beteiligt ist, ist er in geringerem Maße der Versuchung ausgesetzt, die Hebesätze nach unten zu manipulieren, wie es interessierte Wirtschaftskreise gerne von ihm verlangten. Jedoch besteht eine grundsätzliche Tendenz, auf längere Sicht die Gewerbesteuer überhaupt abzuschaffen, u. a. mit der Begründung, daß sie eine fast isoliert deutsche Einrichtung sei, die in die europäischen Harmonisierungsbestrebungen nicht passe (obwohl es gewiß ausländische Kommunalpolitiker gibt, die sich eine Übertragung dieser deutschen Einrichtung auf ihre eigenen Länder nicht ungern vorstellen würden). Es liegt auf der Hand, daß eine Abschaffung der Gewerbesteuer ein schwieriges Ersatzproblem schaffen würde.

Das kommunale Steuersystem ergänzen eine Reihe *kleinerer Steuern,* die von den Betroffenen (begreiflicherweise) gern mit verschiedenen Argumenten angegriffen werden und zum Teil auch, wie die Getränkesteuer, deutlich auf dem Rückzuge begriffen sind. Sie dienen nicht nur dazu, in gewissem Maße ergänzend für Steuergerechtigkeit zu sorgen, sie haben in ihrer Summe durchaus auch fiskalischen Wert. Dazu gehören z. B. die Hundesteuer (bei der in gewissem Sinne auch das Verhältnis von Leistung und Gegenleistung zu Grunde liegt, obwohl schwer auszurechnen ist, welchen Aufwand der Schäferhund Bello der Straßenreinigung verursacht), die Schankerlaubnissteuer und unter ländlichen Verhältnissen die Jagdsteuer. Mag der Ertrag dieser kleineren Steuern im Einzelfalle nicht sehr beträchtlich erscheinen, so sieht sie der Kämmerer doch unter dem Motto „Kleinvieh macht auch Mist"; insbesondere, wenn er sie als laufende Deckung für die Amortisation und Verzinsung einer Anleihe wertet, so mag er damit den einen oder anderen Schulbau finanzieren. Das ist eine allgemeine Betrachtung; eine spezielle und ausdrückliche Zweckbindung solcher Steuererträge ist nicht statthaft.

Stadt Ulm (rund 100 000 Einwohner)
Haushaltsplan 1977 — Haushaltsquerschnitt
(Verwaltungs- und Vermögenshaushalt)

Einnahme bzw. Ausgabeart	Betrag DM	v. H.
Einnahmen		
Steuern	101 377 300	28,3
Zuweisungen (allgemein und für laufende Zwecke)	26 626 200	7,4
Gebühren, Entgelte, zweckgebundene Abgaben	98 960 100	27,6
Sonstige Einnahmen aus Verwaltung und Betrieb	30 166 140	8,4
Sonstige Finanzeinnahmen	25 960 260	7,3
Durchlaufende Einnahmen	10 010 000	2,8
Zuweisungen für Investitionen	21 478 900	6,0
Einnahmen aus der Veräußerung von Sachen des Anlagevermögens	12 025 700	3,4
Kredite	20 900 000	5,8
Sonstige Einnahmen des Vermögenshaushalt	10 530 700	2,9
Summe Einnahmen	358 035 300	
Ausgaben		
Personalausgaben	107 860 000	30,0
Sächlicher Verwaltungs- und Betriebsaufwand	96 332 400	27,0
Leistungen der Sozialhilfe u. ä.	12 095 500	3,4
Zuweisungen und Zuschüsse, Steuerbeteiligungen	25 300 200	7,1
Allgemeine Umlagen	18 537 200	5,2
Sonstige Finanzausgaben	2 100 000	0,6
Durchlaufende Ausgaben	10 010 000	2,8
Investitionen	71 897 500	20,1
Schuldendienst	11 850 000	3,3
Sonstige Ausgaben des Vermögenshaushalts	2 052 500	0,6
Summe Ausgaben	358 035 300	

Ulm, Ausgaben nach Aufgabenbereichen

Einzelplan	Verwaltungs-haushalt DM	Vermögens-haushalt DM	Zu-sammen v. H.
0 Allgemeine Verwaltung	13 805 220	3 068 100	4,7
1 Öffentliche Sicherheit und Ordnung	4 474 640	164 000	1,3
2 Schulen	17 719 100	14 991 000	9,1
3 Wissenschaft, Forschung, Kulturpflege	19 653 080	337 400	5,6
4 Soziale Sicherung	35 805 680	1 248 000	10,3
5 Gesundheit, Sport, Erholung	86 987 370	13 336 500	28,0
6 Bau- und Wohnungswesen, Verkehr	23 094 240	11 888 000	9,8
7 Öffentliche Einrichtungen, Wirtschaftsförderung	28 099 300	11 902 500	11,2
8 Wirtschaftliche Unternehmen, Allgemeines Grund- und Sondervermögen	4 816 470	16 796 500	6,0
9 Allgemeine Finanzwirtschaft	44 809 200	5 039 000	13,9
Zusammen	279 264 300	78 771 000	

Innerhalb der *Steuereinnahmen* sind die Gewichte durch die Finanzreform deutlich verschoben worden. Für das Jahr 1977 wurden aus der früher einseitig vorherrschenden Gewerbesteuer (nach Abzug der Umlage an Bund und Land) knapp 33 Millionen DM erwartet, als Anteil an der Einkommensteuer aber 38 Millionen DM. Neben den Steuern treten die *Gebühren* als fast gleich starker Einnahmefaktor in Erscheinung.

Bei den *Ausgaben* ist dieselbe Summe zweimal nach unterschiedlichen Gesichtspunkten aufgegliedert: einmal nach dem Charakter der Ausgabe (Sachausgaben, Personalausgaben, Zinsen usw.), zum andern nach den Verwaltungszweigen (Schule, Kultur, Wirtschaft usw.). Die Trennung in Verwaltungshaushalt und Vermögenshaushalt macht den Anteil der Investitionen deutlich.

Die Bezifferung der Verwaltungszweige im Haushaltsplan stimmt nicht durchweg mit den (späteren) Empfehlungen der Kommunalen Gemeinschaftsstelle für Verwaltungsvereinfachung hinsichtlich der Verwaltungsgliederung überein.

Haushalte der Gemeinden und Gemeindeverbände 1977)*

	Mrd. DM	v. H.
I. Verwaltungshaushalt		
Einnahmen		
Steuern und steuerähnliche Einnahmen	36,80	36,0
Gebühren und Entgelte	19,06	18,6
Zahlungen von Land (Bund)	19,45	19,0
Zahlungen von Gemeinden (GV)	14,15	13,8
Sonstige Einnahmen	12,86	12,6
Zusammen	102,32	
Ausgaben		
Personalausgaben	34,53	36,1
Soziale Leistungen	13,87	14,5
Zinsen	6,34	6,6
Zahlungen an Land (Bund)	2,15	2,2
Zahlungen an Gemeinden (GV)	14,15	14,8
Sonstige Ausgaben	24,74	25,8
Zusammen	95,78	
II. Vermögenshaushalt		
Einnahmen		
Zuführung vom Verwaltungshaushalt	6,54	16,8
Entnahmen aus Rücklagen	2,85	7,3
Erlöse aus Vermögensveräußerung	2,00	5,1
Beiträge	3,20	8,2
Zahlung von Bund (Land) für Investitionen	10,94	28,0
Schuldenaufnahme auf dem Kreditmarkt	10,50	27,0
Sonstige Einnahmen	2,95	7,6
Zusammen	38,98	
Ausgaben		
Erwerb von Vermögen	5,23	13,0
Baumaßnahmen	23,28	57,6
Tilgung (ohne Eigenbetriebe)	5,48	13,6
Zuführung an Rücklagen	2,70	6,7
Sonstige Ausgaben	3,70	9,2
Zusammen	40,39	

Nach DST 1/1977.

*) Es handelt sich um geschätzte Zahlen. „Geschätzt" wird natürlich fachmännisch auf Grund von Unterlagen und Erfahrungen, so daß solche Angaben ein solides Bild mindestens von den Größenordnungen geben.

e) Investitionen

Alle eigenen Einnahmen und staatlichen Zuschüsse der Gemeinden reichen nicht aus, ihre Aufgaben zu erfüllen. Absolut sind ihre Einnahmen und Ausgaben stark gestiegen. Relativ ist ihr Anteil am Gesamtaufkommen der „öffentlichen Hand" seit Jahrzehnten ständig gefallen. In der Nachkriegszeit hat sie nicht nur der Wiederaufbau in Anspruch genommen, sondern die gesamtgesellschaftliche Entwicklung stellt immer erhöhte Ansprüche, gerade an die Gemeinden. Die Industrialisierung fordert mehr Strom, die Motorisierung mehr Straßen, die Bildungsreform braucht Schulen, der Sport ruft nach Turnhallen und Stadien, die Sozialpolitik will Kinder- und Altersheime, mit steigender Freizeit werden Büchereien und andere Kultureinrichtungen, Schwimmbäder und Parks stärker beansprucht. Das ist aus laufenden Mitteln nicht zu bewältigen. Die Gemeinden müssen einen Teil des wachsenden Volksvermögens als Anleihe erhalten, um dem Bürger die Einrichtungen zur Verfügung zu stellen, die er braucht und verlangt, und um diese außerordentlichen, auf weitere Sicht wirksamen Belastungen auch auf einen längeren Zeitraum zu verteilen, ebenso wie es die Wirtschaft mit einem Teil ihrer Investitionen tut. Anleihen müssen also als weitere Finanzierungsquelle zu den bisher genannten hinzufließen. Sie dürfen nicht für laufende Ausgaben verwandt werden, etwa für die Bezahlung von Gehältern und Löhnen; damit wäre das Ende einer soliden Finanzwirtschaft da. Im Gegenteil wird man, je mehr es doch gelingen sollte, die kommunalen Finanzen dauerhaft zu sanieren, bestrebt sein, aus dem ordentlichen Haushalt Mittel in den außerordentlichen zu übertragen, um damit die notwendigen gesellschaftlichen Investitionen zu finanzieren. Anleihen dürfen nicht als „allgemeine Deckungsmittel", sondern müssen ganz bestimmten Zwecken dienen. Es muß also im Haushaltsplan heißen: „Anleihe in Höhe von 500 000 DM zur Finanzierung des zweiten Bauabschnitts der Hauptschule in der Müllerstraße."

Kommunale Sachinvestitionen von 1966 bis 1975

Sachgebiet	Mrd. DM	v. H.
Verwaltung	5,29	1,7
Sicherheit und Ordnung	2,50	0,8
Schulen	47,79	15,7
Weiterbildung und Kultur	2,26	0,7
Jugend und Soziales	3,84	1,3
Gesundheit, Freizeit, Sport	23,15	7,6
Straßen, Verkehr mit Öffentl. Nahverkehr	67,73	22,3
Kommunale Gemeinschaftsdienste*)	40,69	13,4
Wirtschafl. Unternehmen	96,40	31,7
Sonstiges	14,16	4,7
	303,80	

Nach Angaben des Deutschen Städtetages, DST 1/1977.

Der Überblick gibt eine gewisse Vorstellung von den Schwerpunkten der kommunalen Arbeit in den Jahren, die dem Wiederaufbau nach dem Kriege im engeren Sinne folgten, wenn auch immer noch die Beseitigung von Kriegsfolgen ihre Rolle spielt. Während die absoluten Zahlen der Investitionen naturgemäß (mit dem Absinken des Geldwertes) steigen — 1966: 15 Milliarden, 1975: 29 Milliarden —, jeweils einschließlich der Eigenbetriebe, zeigt die prozentuale Verteilung auf die einzelnen Sachgebiete eine bemerkenswerte Konstanz. Überragend sind die Rollen der Dienstleistungen für den Bürger durch Betriebe und Einrichtungen sowie der Straßenbau im Zeichen der Motorisierung. Unter den anderen Posten steht nach wie vor der Schulbau im Vordergrund, während die Kulturpflege im engeren Sinne (Theater, Bibliotheken, Volkshochschulen, Museen usw.) relativ spärlich erscheint, zumal da die Welle der Theaterneubauten nach dem Kriege abgeklungen ist.

*) Das sind z. B. Abwasser- und Müllbeseitigung, Märkte.

III. Kommunale Planung und Gemeindereform

1. Planung als Ordnung und Gestaltung

a) Warum Planung?

In der zweiten Hälfte des vorigen Jahrhunderts, so wird berichtet[53]), „verlangte ein unternehmungslustiger Kaufmann von seiner Stadt ein großes Gelände für die Errichtung einer chemischen Fabrik. Die Stadtväter lehnten die Hergabe des Geländes ab; sie fürchteten Schmutz und Gestank als Folgeerscheinung eines solchen Betriebes. Der Kaufmann ging weiter westlich auf das Gebiet anderer Gemeinden und errichtete dort seine Fabrik, die heute eine der größten Produktionsstätten dieser Branche in Europa ist. Bei der vorherrschenden Westwindrichtung gelangten Schmutz und Gestank aus erster Hand in die Stadt, die das Gelände verweigert hatte, die nicht unerheblichen Gewerbesteuern des Unternehmens aber fließen bis zum heutigen Tage in die damaligen Betriebsgemeinden, die inzwischen längst zu einer einzigen Stadt zusammengeschlossen sind."

Das ist in der Tat ein bedeutendes Beispiel einer kommunalpolitischen Entscheidung und ihrer über viele Jahrzehnte wirksamen Folgen. Der Verfasser des vorstehenden Absatzes verschweigt diskret, um welche Städte es sich handelt. Aber da der Vorgang immerhin ein Jahrhundert zurückliegt und niemand mehr wegen des damaligen Stadtratbeschlusses belangt werden kann, da das Exempel natürlich in Fachkreisen auch durchaus bekannt ist, darf man unbesorgt aussprechen, worum es sich handelt: das Unternehmen ist die 1865 gegründete Badische Anilin- und Soda-Fabrik (BASF), die Stadt, die sich der Gründung verweigerte, ist Mannheim, die andere, die auf der Basis der wachsenden Fabrik entstanden ist, liegt linksrheinisch gegenüber und heißt Ludwigshafen. Und es gehört zu der Geschichte, daß der Streit um die damalige Entscheidung

[53]) Hans Klüber, in: „Kommunalwirtschaft", 1968, S. 445.

bis heute noch nicht ganz beendet ist. Spricht man heute einen Mannheimer Kommunalpolitiker darauf an, so mag man hören: die damaligen Stadtväter hätten ganz richtig entschieden, denn das Gelände, das jener Kaufmann vor hundert Jahren haben wollte, sei das wichtigste Ausdehnungsgebiet der Stadt gewesen, unmittelbar neben dem schachbrettartigen Kern Mannheims und heute in der Tat ein zentrales Gebiet der Stadt. Das ist also ein geradezu klassisches Beispiel für die Tragweite sowohl wie für die Zwiespältigkeit kommunalpolitischer Planungsentschlüsse. Sie sind offenbar nicht mit bloßem Sachverstand und ebensowenig mit Phantasie allein zutreffend zu fassen. Obwohl die moderne Wissenschaft und Datentechnik uns wesentlich genauere Entscheidungsunterlagen an die Hand gibt, bleibt zweifelhaft, welche Entschlüsse und Entscheidungen der lebenden Generation vor den kritischen Nachkommen bestehen werden.

Aber ähnlich schwierige Planungsentscheidungen gibt es auch heute, obwohl die Standortfragen für die Großindustrie nicht mehr so im Vordergrund stehen wie in den vergangenen Jahrzehnten. Weit in die Zukunft weisende Planungen sind die Verkehrsführung und die Wahl von Verkehrsmitteln (U-Bahn oder nicht?). Hier werden Finanzmittel von vielen Millionen langfristig gebunden. Der Bund und die Länder helfen zwar finanziell, aber die Stadt muß über die Trassenführung von Bahn und Bussen befinden, über Fußgängerzonen, Einbahnstraßen, Parkplätze, lärmarme Gebiete usw. Soll man ein weiteres Gelände für den Flugplatz ausweisen oder in Kauf nehmen, daß er nicht mehr von allen Maschinen angeflogen werden kann? Soll man ein bisheriges Industriegelände in der Innenstadt zu einem Park gestalten oder für citynahe Wohnungen nutzen? Wohin mit neuen Supermärkten? Welches Konzept für Freizeit und Erholung will man langfristig verwirklichen? Wie soll die stationäre Behandlung kranker Menschen gesichert sein; muß man hier nicht für die Nachbarstädte mitplanen? Viele Städte haben sich für eine Universität beworben. Aber hier war nicht nur an das Baugelände zu denken, sondern an die Ergänzung der „Infrastruktur“; reichte dafür das Elektrizitätsnetz, wie müßte die Verkehrsverbindung zur Uni ausgebaut werden, wo sollen Studenten und Personal wohnen, genügt die Kapazität der vorhandenen Sportanlagen? Daß man dies alles systematisch klären und entwickeln, d. h. planen muß, ist nichts Neues. Nur die Zusammenhänge zwischen den Problemen sind in einer dicht besiedelten Landschaft oft verwirrend vielfältig. Die Industrialisierung schafft neue Probleme. Allein der Umweltschutz, der erst in den letzten 10 Jahren entdeckt worden ist, stellt den Stadtplaner heute vor manche nur schwer und geduldig lösbare Aufgabe. Ein typisches Zivilisationsproblem war die „Zersiedlung der Landschaft", nicht nur ein Mahnwort eifriger Naturschützer. Wollten alle Menschen sich in Einzelhäusern und kleinen Siedlungen mit umgebenden Gärten und gutem Abstand voneinander zerstreuen, so könnte eines Tages kein Raum für die Landwirtschaft bleiben, kein Wald für Erholung und Erhaltung eines guten Klimas. Wenn dann in den zerstreuten Siedlungen die Menschen den gleichen Komfort wie in der Stadt haben wollen, so müssen ungeheuere Mengen an Material und Geld bereitgestellt werden, um Straßen und Verkehrsmittel, Strom, Wasser, Telefon usw. heranzubringen. Die Menschen müssen Boden sparen, um miteinander leben und arbeiten zu können. Dies muß durch Planung gesichert werden. Manche Planungsüberlegungen lassen sich örtlich nicht mehr klären. Der Streit um Atomkraftwerke und Lagerstätten für Atommüll ist dafür nur ein, wenn auch bewegendes Beispiel. Aber gleiches gilt für fast alle Entscheidungen über Standorte großer öffentlicher Einrichtungen wie die Beseitigung von Müll und industriellen Schadstoffen, Anlagen der Trinkwasserversorgung, Freizeitparks. Hier müssen alle Planungsträger (Bund, Länder, Planungsgemeinschaften) mit der Gemeinde zusammenwirken.

Immer muß die Gemeinde zugleich ihre eigene Kapazität als Verwaltungsträger planen, ihren Personal- und Finanzbedarf, auch ihre Organisation. Die Gebietsreform, von der noch zu reden ist, war ein gewaltiges Werk von „Plänen", bevor der Gesetzgeber sich für eine bestimmte Lösung entschied. Und: Wie man sich beim Planen verschätzen kann, zeigt sich im Schulwesen fast täglich. Ein

Bild davon, wie heute das System öffentlicher Planung aussieht, wie die Planungsebenen vertikal miteinander verflochten sind, kann man dem folgenden Schaubild entnehmen.

Öffentliche Planung

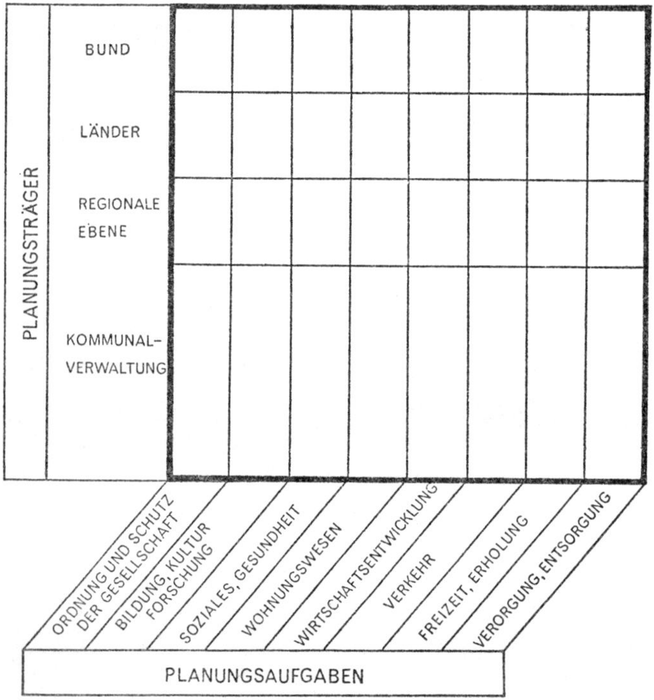

Planung ist für den Verwaltungsfachmann technisches Handwerk, für die Verwaltungsführung ein Instrument der Koordinierung, für die Kommunalpolitiker Zukunftsgestaltung. Planung hat aber immer zugleich zentralisierende Wirkung; so entstehen unvermeidbar Spannungen der verschiedenen Interessen- und Verantwortungsbereiche, die in sich legitime Forderungen und Vorstellungen haben.

Die Fachplanung, also etwa die Linienführung der Autobahnen, die Verteilung bestimmter Produktionsbetriebe, die Gliederung des Schulwesens, kann sich mit der Landesplanung überschneiden, die bestimmte Gebiete, sei es als Industriebereiche, sei es als Erholungslandschaften, ausweisen will, und beide können sich mit örtlichen Absichten und Wünschen reiben. Indem der Bundesgesetzgeber den Gemeinden die Planungshoheit zuerkannte, hat er in dankenswerter Weise dem Prinzip der kommunalen Selbstverwaltung Reverenz erwiesen. Aber die große Zahl kleiner und kleinster Gemeinden war damit fachlich und personell überfordert worden. Die Tendenz, mit einer Verwaltungsreform größere Gemeinden zu bilden, hatte hier einen ihrer wichtigsten Antriebe. Die Versuchung, mit einem gordischen Schwerthieb die Planungskompetenz der Gemeinden insgesamt aufzuheben, kann für die staatliche Bürokratie groß sein. Aber allzu scharf macht schartig; es ist zu hoffen, daß die staatlichen Parlamente solchen Wünschen, sollten sie laut werden, nicht nachgeben werden. Der gewiß mühsame Weg des Ausgleichens zwischen Partnern sollte keinesfalls einfach durch autoritäre Entscheidungen ersetzt werden. Hier ist einer der Fälle gegeben, in denen man gerade heute vermeiden sollte, die Mitsprache bürgerschaftlicher Vertretungen zu beseitigen; man würde damit das Gefühl des Bürgers, er werde „manipuliert", verstärken.

Planung soll nach heutiger Auffassung zugleich die Diskussion mit dem Bürger über die Gestaltung seines Lebensraums ermöglichen. Ohne Mitwirkung der Bürgerschaft ist Planung kaum denkbar. Das ist leichter gesagt als getan. Auch hier wird es kontroverse Interessen geben. Trotzdem hat sich immer wieder gezeigt, wie sehr es sich lohnt, den Bürger in ein Planungsgespräch einzubeziehen. Häufig war es die Bürgerschaft, die dem Rat und der Verwaltung neue Überlegungen und vielleicht veränderte Entscheidungen abgerungen hat. Bürgerinitiativen haben besonders im Planungsablauf ihre gute demokratische Bedeutung, wenn sie von ihren Rechten und Möglichkeiten vernünftig Gebrauch machen. Es ist wichtig, wenn in Düsseldorf die Bürgerschaft um jeden Quadratmeter des Hofgartens kämpft, den die Verkehrsplanung in Anspruch nehmen will. Ohne Befragung der betroffenen Bürger wird heute keine Sanierung Erfolg haben können. Es mag für den berufsmäßigen Planer lästig sein, wenn Bürger jeden Baum erhalten wollen, der einer Planung im Wege steht. Aber nur aus einem solchen Spannungsverhältnis kann der „richtige" Plan entstehen.

Gemeindliche Planung, ihre Einordnung in regionale Planung und raumordnende Maßnahmen von Bund und Ländern gehört also zu den bedeutendsten, aber auch schwierigsten Aufgaben der kommunalen Vertretungskörperschaften und Verwaltungen. An den Ergebnissen werden sie gemessen werden und daran hängt auch die Entscheidung, ob es in künftigen Zeiten eine Form der gesellschaftlichen Selbstverwaltung geben wird oder einen bürokratischen Totalitarismus.

b) Die Gemeinde als Planer

Der Boden ist in buchstäblichem Sinne Grundlage der Planung. Ihre Aufgabe, das Leben der Bürger materiell und zivilisatorisch zu erleichtern, großenteils sogar zu ermöglichen, kann die Gemeinde nicht erfüllen, wenn sie nicht ein Minimum des Gemeindebodens selbst besitzt. Sie braucht Gelände für Straßen und andere Verkehrsbedürfnisse, für öffentliche Gebäude (nicht nur für das Rathaus, sondern für Schulen, Krankenhäuser, Jugend- und Altersheime), ferner für Freizeit- und Erholungsanlagen wie Parks und Sportplätze, nicht zu vergessen Friedhöfe, die später oft öffentliche Parks werden. Die Gemeinde — und desto stärker, je mehr sie Stadtcharakter hat — braucht weiteren Boden über diese öffentlichen Zwecke hinaus. Der Wohnungsbau als entscheidendes Element nicht nur der Stadtentwicklung, sondern sowohl der Wirtschafts- wie der Sozialpolitik wird durch steigende Bodenpreise unter Umständen gefährlich verteuert; die Gemeinde ist daran interessiert, mit Hilfe eigenen Grundbesitzes steuernd einzugreifen. Die Ansiedlung von Industrie, wichtig für die wirtschaftliche Stabilität und für die kommunale Leistungsfähigkeit, verlangt Boden; wiederum ist die Gemeinde daran interessiert, ihre Entwicklungspolitik durch einen Bodenvorrat zu stützen, der eine sinnvolle Streuung oder Konzentration zu erträglichen Preisen gestattet.

Freilich ist die Bildung eines Bodenvorrats, die in den zwanziger Jahren weitsichtige Oberbürgermeister in großem Umfang betrieben haben, immer schwieriger geworden. Verfügbares Gelände ist durch den Wohnungsbau nach dem Kriege gefährlich geschrumpft. Neues, unerschlossenes Gebiet war oft nur zu überhöhten Preisen zu erwerben. Gelegentlich kauften sich Großstädte in entfernt liegenden Gebieten an, um über Austauschflächen für auszusiedelnde landwirtschaftliche Betriebe im Stadtgebiet zu verfügen. Gesetzliche Vorkaufsrechte, Möglichkeiten zur Enteignung stehen den Gemeinden zwar generell zur Verfügung, können aber nur im begrenzten Umfange eingesetzt werden. Bodenpolitik bedeutet heute auch eine vernünftige Zusammenarbeit mit den Eigentümern. Mancher „Ringtausch" hat ohne Härten den Städten die notwendige Bewegungsfreiheit verschafft.

Bodenpolitik ist zugleich Bodenordnung. Was in den ländlichen Gebieten die Flurbereinigung ist, heißt im Städtebau „Umlegung". Erst durch sie ist es in manchen zerstörten Städten möglich gewesen, Fehler des Städtebaues im vorigen Jahrhundert wieder einigermaßen auszugleichen und eine dem modernen Verkehr gewachsene Verkehrsführung zu verwirklichen. Dies ist alles ohne umfassende raumordnende Planung nicht möglich.

Die Gemeinden haben auf ihrem Gebiet die „Planungshoheit" — ein bedeutsames Recht und eine hohe Verantwortung. Als Instrument dafür hat ihnen das Bundesbaugesetz von 1960 die „Bauleitpläne" an die Hand gegeben. „Aufgabe der Bauleitplanung ist es, die bauliche und sonstige Nutzung der Grundstücke in der Gemeinde ... vorzubereiten und zu leiten", heißt es im Gesetz. Die Bauleitpläne sind Sache der gemeindlichen Selbstverwaltung. Sie werden durch Beschluß der Gemeindevertretung, bei den Bebauungsplänen durch Ortssatzung eingeführt; hier ist also einer der Fälle, in denen die Gemeinde ihr eigener „Gesetzgeber" ist. In zwei Stufen kann damit die Planung der Gemeinde geregelt werden: vorbereitenden Charakter hat der „Flächennutzungsplan“, abschließenden und verbindlichen der „Bebauungsplan“. Der Flächennutzungsplan legt Grundzüge fest. Er verzeichnet unter anderem Bauflächen für die Bebauung mit Wohnhäusern, Flächen für Schulen, Rathäuser, Freibäder und sonstige „Gemeinschaftsflächen“. Er enthält die Flächen für den überörtlichen Verkehr und die Hauptverkehrszüge des örtlichen Verkehrs, die Flächen für Versorgungsanlagen, die Grünflächen und Dauerkleingärten. Fast immer wird ein, oft der größte Teil des Gemeindegebiets der Land- und Forstwirtschaft vorzubehalten sein. Der Flächennutzungsplan ist ein Plan für die Planer, nach ihm werden die Bebauungspläne aufgestellt. Erst diese sind für den grundbesitzenden Bürger verbindlich. Diese Verbindlichkeit hat unter Umständen schwerwiegende Folgen für den betroffenen Bürger, nicht zuletzt weil sie den Wert des Bodens erheblich beeinflussen kann. Nach den Bebauungsplänen „richtet sich, wie hoch und wie dicht bebaut werden darf, ob die Häuser aneinandergestellt oder einzeln stehen sollen, aber auch ob auf einem Gelände nur Kleinsiedlungen, Einfamilienhäuser, Mietwohnungen oder Industrie angesiedelt werden dürfen. Sie bestimmen für die Verwaltungs- und Einkaufszentren der Ortschaften Geschäftsgebiete und widmen bestimmte Grundstücke endgültig für Gemeinbedarfszwecke, wie z. B. für Rathäuser, Schulen, Wasserwerke, aber auch für Grünflächen, Parkflächen für Autos und Parkhäuser“[54]). Ein Eigentümer, der sich dem Bebauungsplan nicht fügen will, kann unter Umständen enteignet werden, selbstverständlich gegen Entschädigung. Der Eigentümer kann sich gegen die Enteignung gerichtlich wehren. Ein solcher Enteignungsprozeß, durch alle Instanzen bis zum Bundesgerichtshof getrieben, schützt den Bürger. Er kann zugleich bedrohlich für die Allgemeinheit sein, indem er den Abschluß einer notwendigen Maßnahme, etwa eines Straßendurchbruchs, um Jahre verzögert — oder er mag die Gemeinde zwingen, im Interesse der Gesamtplanung in einen überhöhten Preis zu willigen.

[54]) Werner Pohl, Die Ortsplanung in Stadt und Land, Gegenwartskunde 1/1965.

Bauleitplanung hat sich als Instrument des Wiederaufbaues der städtebaulichen Entwicklung in den letzten Jahrzehnten bewährt. Immer deutlicher zeigte sich aber, daß die Lebensverhältnisse in den weniger zerstörten Stadtvierteln, besonders in den dichten Wohngebieten, die vor dem Ersten Weltkrieg entstanden waren, ständig unbefriedigender wurden. In der *Sanierung* konnte es nicht nur um Abriß oder Neubau gehen; Sanierungsgebiete haben ihre eigenen sozialen Probleme. Junge aufstrebende Familien und alle Bürger, die es sich leisten konnten, waren längst aus solchen Gebieten in das Umland verzogen; die Alten und sozial Schwachen blieben. Leere Wohnungen wurden oft nur von jüngeren Leuten, Berufsanfängern, Studenten gemietet, die sich eine kurze Bleibe verschaffen wollten. Gastarbeiter zogen nach. So konnte ein verhängnisvoller Kreislauf sozialer Umschichtung und Wertverfall entstehen, meist in unmittelbarer Nähe zur City, also in bester Lage.

Das *Städtebauförderungsgesetz* oder, wie es genau heißt, das „Gesetz über städtebauliche Sanierungs- und Entwicklungsmaßnahmen in den Gemeinden" von 1971 hat moderne Grundlagen geschaffen, um dieser Problematik abzuhelfen. Zur Vorbereitung von städtebaulichen Sanierungen sollen umfassende Vorarbeiten eingeleitet werden; so sollen Sozialpläne aufgestellt werden, die die Bedürfnisse der Bürger erfassen und die Eigeninitiative der Bewohner fördern. Der Bund stellt besondere Geldmittel zur Verfügung. Inzwischen mehren sich die beispielhaften Maßnahmen in den Großstädten, die zugleich Wege aufzeigen, wie man die Urbanität einer Stadt in ihren alten Quartieren, deren Reiz wiederentdeckt wurde, erhalten und neu gestalten kann. Bürger kämpfen wieder um die Erhaltung ihrer Umwelt, wie es im berühmten Lehel am Rande der Innenstadt von München bewiesen wurde. Sanierung heißt heute zunächst Erhaltung. Der Reiz alter Fassaden, großer Wohnräume, der urbanen Dichte, die Verknüpfung von Alt- und Neubau, dies alles verbunden mit Verbesserungen in der Energieversorgung und Sanitärtechnik soll den scheinbar unabwendbaren Untergang alter Stadtviertel aufhalten und deren Bedeutung im Stadtgefüge wiedergewinnen helfen. Das ist eine Arbeit, die großes politisches und verwaltungsmäßiges Geschick, viel Geduld und eine vernünftige Verknüpfung der Interessen von Eigentümern und Nutzern verlangt. Aber auch außerhalb der Sanierungsgebiete hat das neue Bundesbaugesetz von 1976 Möglichkeiten geschaffen, um die wohnliche Stadt zu erhalten und zu fördern. Dort sind Bau- und Pflanzgebote, Anordnungen zum Abbruch, zur Modernisierung und Instandsetzung, die Möglichkeiten zur Aufhebung, Beendigung und Verlängerung von Miet- und Pachtverhältnissen und Bestimmungen über die Erhaltung baulicher Anlagen vorgesehen. Dies alles unter Wahrung der Interessen der Betroffenen. Das kostet viel Geld. Entschädigungen müssen nicht nur bei Enteignungen sein; das Grundgesetz schützt den Einzelnen, auch den manchmal zu Unrecht gescholtenen Hauseigentümer.

Gerade die komplizierten Maßnahmen zu innerstädtischen Erneuerungen haben die Erkenntnis gefördert, daß nicht allein die städtebauliche Planung die vernünftige Entwicklung der Gemeinde sichern kann. Es fehlte weithin an einer Konzeption für alle kommunalen Aktivitäten, ein Rahmen für die kommunalpolitischen Maßnahmen, der zugleich Orientierung für Verwaltung und Bürger sein konnte. Der Gedanke der kommunalen *Entwicklungsplanung* ist ein Kind der ersten Rezession Mitte der sechziger Jahre wie auch die mittelfristige Finanzplanung, von der schon oben die Rede war. Hier gibt es allerdings kein Gesetz, wohl aber die Einsicht vieler Städte und Gemeinden, daß man ein Maß für alle kommunalpolitischen Absichten finden müsse und daß es ohne eine wirksame Koordinierung nicht geht. Daß Bau- und Verkehrsplanung zusammenhängen, weiß man seit Jahrzehnten. Aber wie war es mit Schulpolitik und Schulstandort, mit Wirtschaftsförderung und Umweltschutz, Wohnungsbau und Freizeitgestaltung? Der schon erwähnte Sozialplan gehört in dieses Instrumentarium mit hinein. So schwer es ist, alle die Entwicklung beeinflussenden Maßnahmen zu erfassen, so kompliziert ist es, ihre wechselseitige Wirkung zu erforschen und dann eine Prioritätenliste aufzustellen, die den Finanzierungsmöglichkeiten entspricht; denn eine Planung im geldlosen Raum ist nun einmal wenig wirkungsvoll. Entwicklungsplanung als politisches Steuerungsinstrument wird unentbehrlich. Für den Bürger ist sie meist nur erkennbar an kurz gefaßten Broschüren, in denen die Entwicklung der Stadt zusammenfassend geschildert wird, und an ungewohnten Türschildern mit der Aufschrift „Amt für Entwicklungsplanung". Für den Politiker und Verwaltungsbeamten besteht sie aus zahllosen Plänen, Gutachten, Denkschriften, die er ohne Hilfe von kommunalen Experten kaum mehr in eine Ordnung bringen kann. Aber die Hoffnung, daß sich alles vereinfachen ließe, dürfte trügerisch bleiben.

Die Städte haben sich ihren Planungsaufgaben trotz mancher Planungsfehler gewachsen gezeigt. Aber daß die kleine Gemeinde auch mit Unterstützung von Aufsichtsbehörden und Planungsverbänden mit den Problemen ihrer eigenen Planung nicht mehr fertig werden konnte, ließ sich seit langem beobachten. So ist denn Planung auch mit eine der entscheidenden Triebkräfte zur Gebietsreform geworden, von der auf den künftigen Seiten noch berichtet wird.

Die Verkehrsplanung zeigt besonders deutlich, daß Planungen nicht an den Gemeindegrenzen aufhören können. Die wichtigsten Straßen dürfen nicht an dieser Grenze enden. Es bedarf einer regionalen Planung, einer Landesplanung, einer Planung für das Bundesgebiet, und die muß europäische Zusammenhänge beachten. So gibt es denn Straßen, die nicht von den Gemeinden gebaut werden, sondern vom Kreis, vom Land, vom Bund bzw. von den Gemeinden und Gemeindeverbänden im Auftrage dieser höheren Instanzen. Doch die Ordnungsprinzipien der über die Gemeinde hinausreichenden Planung beschränken sich nicht auf den Verkehr. Auch in diesem größeren Rahmen muß doch in gewissem Maße geplant werden, welche Räume vorzugsweise für menschliche Siedlungen, für Land- und Forstwirtschaft, für Industrie, für Erholungszwecke genutzt werden sollen. Die Bauleitpläne der Gemeinde sollen sich denn auch „den Zielen der Raumordnung und Landesplanung" anpassen. Aber was das ist und wie man's machen soll, das ist nicht unbedingt klar und nicht einheitlich geregelt. Allmählich setzt sich die Vorstellung durch, daß man unter „Landesplanung“ die Planungstätigkeit der Länder begreift, unter „Raumordnung“ die des Bundes. Die Landesplanungsgesetze der Länder sind nicht gleichlautend, sie regeln die Beteiligung der Gemeinden unterschiedlich. Die Gemeinden hängen aber in ihrer eigenen Entwicklung häufig von dieser Gesamtplanung ab. Ein Gebiet wie der Bayerische Wald, der in besonderer Weise von der strukturellen Krise der Land- und Forstwirtschaft betroffen ist, bedarf u. a. bequemer Anreisemöglichkeiten auf Bahn und Straße, wenn er sich auf den Tourismus der werdenden Freizeitgesellschaft einstellen will. Die Umstrukturierung des Ruhrgebietes von der einseitigen Vorherrschaft des Kohlenbergbaus zu einem vielseitig angelegten Industriegebiet kann nur gelingen, wenn das Gebiet insgesamt attraktiver und urbaner gemacht wird; das kann die einzelne Gemeinde nicht leisten.

Die planerische Tätigkeit des Bundes und der Länder hat sich erst langsam entwickelt. Das ist wohl ein Zustand, den wir mit dem größeren Teil der weit entwickelten Länder teilen. Die Probleme unserer Zeit sind spät erkannt worden, wie früher vergleichbare Probleme, z. B. die Folgen der Bevölkerungswelle des 19. Jahrhunderts, Bodenspekulation und Mietskasernen. Wir haben keinen Anlaß, uns über die Versäumnisse jener Zeit erhaben zu fühlen. Nicht nur die Gesetzgebung, auch die öffentliche Meinung folgt den Erkenntnissen der Wissenschaft und der Verwaltungspraxis in solchen zunächst schwer faßbaren Grundsatzfragen nur zögernd. Von diesen Feststellungen wird man insbesondere die Niederlande auszunehmen haben.

In Deutschland gibt es ein *Bundesraumordnungsgesetz* erst seit 1965. Vielleicht ist sein Name zu anspruchsvoll. Die meisten Fachleute halten es für unzureichend. Es verpflichtet die Länder, Rechtsgrundlagen für die über die Gemeinden hinausreichende Regionalplanung zu schaffen — wenn dies für Teilräume des Landes geboten erscheint. Aber das Verfahren der Raumordnung ist auch nur *eine* Möglichkeit, die Entwicklung im gesamten Bundesgebiet zu steuern. Das Grundgesetz sieht in Art. 91a als Gemeinschaftsaufgabe von Bund und Ländern die Verbesserung der regionalen Wirtschaftsstruktur vor. Geldmittel werden zur Verfügung gestellt, die auch den Gemeinden die Möglichkeit geben, z. B. ihre Fremdenverkehrseinrichtungen zu verbessern. Der Bund finanziert die Bundesfernstraßen; er greift mit den Sanierungsplänen für die Bundesbahn tief in kommunale Verkehrsverhältnisse ein. Er fördert den Bau von Mietwohnungen und Familienheimen und er regelt die steuerlichen Belastungen; Steuern sind ein Instrument der Raumordnung! Die jährlichen raumwirksamen Ausgaben des Bundes gehen in die Milliarden. Vieles davon steht in den Raumordnungsberichten der Bundesregierung, die diese alle zwei Jahre dem Bundestag vorzulegen hat.

In einem staatlichen Raum, in dem sich so vieles zusammendrängt und die Regelungen immer komplizierter werden, wird die Klage zunehmend berechtigt, die der damalige Oberbürgermeister von München, Dr. Hans-Jochen Vogel, schon 1968 erhoben hat: „Allenfalls können wir durch innerstädtische Maßnahmen Einfluß nehmen. Entscheiden können wir nicht allein. Ebenso können wir bei den Investitionen unmittelbar nur über diejenigen entscheiden, die wir selbst finanzieren und durchführen. Die in den meisten Fällen gleichzeitig notwendigen Investitionen anderer öffentlicher Körperschaften, so etwa des Bundes, der Bundesbahn und des Landes, und die privaten Investitionen können wir hingegen nur anregen, erbitten und fördern.“ Die Zukunft der Selbstverwaltung wird davon abhängen, inwieweit sie noch selbst ihre eigene Entwicklung bestimmen darf und kann, inwieweit sich die planerischen Vorgaben von Bund und Ländern auf Grundsätzliches und das Überörtliche beschränken, aber auch in welchem Maße den Gemeinden die Finanzmittel ohne allzu bürokratische Bindungen zur Verfügung gestellt werden, mit denen sie ihr eigenes Gebiet gestalten können.

2. Gebiets- und Funktionalreform

a) Neue Grenzen

Raum und Planung, das waren die Ausgangspunkte für die Reform der Gemeinde- und Kreisgrenzen in den letzten 10 Jahren. Diese in allen Ländern durchgeführte Neuordnung der Gebiete war wohl der bedeutendste politische Vorgang dieses Jahrhunderts in der Anpassung der kommunalen Selbstverwaltung an die Struktur einer modernen Industriegesellschaft und -landschaft. Verwaltungsgrenzen halten sich zäh, oft über viele Generationen. Die Bildung der modernen Gemeinden, vor allen Dingen in den ländlichen Gemeinden, hatte ein volles Jahrhundert gedauert. Erst 1927 verschwanden in den alten preußischen Provinzen die Überreste der Standesherrlichkeit, die sog. Gutsbezirke, in denen der Gutsbesitzer zugleich die Verwaltungskompetenz hatte. Die meisten Grenzen im ländlichen Raum waren seit 150 Jahren nicht mehr korrigiert worden. Freilich, der große Schub von Industrialisierung, Bevölkerungsverdichtung und Versorgungsverbund hatte in manchen Gebieten der Bundesrepublik erst nach dem letzten Krieg eingesetzt.

Die Gebietsreform war ein Prozeß des Aufarbeitens. Grenzen sollten den durch Besiedlung und Ausbau der Infrastruktur geschaffenen Realitäten angepaßt werden. Das war nichts Neues. Dort, wo sich zwischen den Städten in den letzten Jahrzehnten die Großindustrie angesiedelt hatte, z. B. in der rheinischen Stadtlandschaft oder im Ruhrgebiet, mußte schon in den zwanziger Jahren energisch an die Grenzbereinigung herangegangen werden. Viele Städte des Rhein-Ruhrgebiets sind damals erst neu entstanden neben den alten wie Dortmund, Bochum, Essen, Düsseldorf und Köln, die 1929 dank der Vorarbeit ihrer berühmt gewordenen Oberbürgermeister (Adenauer = Köln, Jarres = Duisburg, Lehr = Düsseldorf, Luther = Essen) kräftig erweitert wurden. So das heutige Wuppertal, das erst in den zwanziger Jahren durch die Zusammenfassung von Elberfeld, Barmen, Vohwinkel und anderen Gemeinden zu einer Großstadt von über 400 000 Einwohnern zusammengefügt wurde. Wie schwer sich das Zusammenwachsen anließ, läßt sich noch heute daran ablesen, daß die Stadtverwaltung in weit auseinanderliegenden früheren Rathäusern untergebracht ist und mancher Elberfelder und Barmer kein rechter „Wuppertaler" sein möchte. Städtenamen wie Castrop-Rauxel, Wanne-Eickel, Bockum-Hövel sind Zeichen schwieriger Kompromisse selbst bei der Namensfindung. In der Gebietsreform der letzten 10 Jahre wurde zur Aufheizung der Emotionen häufig das böse Wort von der „Hambornisierung" benutzt, wenn man darauf verweisen wollte, daß manche frühere selbständig verwaltete Stadt wie Hamborn eine wenig erfreuliche Entwicklung als Vorort von Duisburg hinnehmen mußte. Doch in den meisten Gebieten blieb es so, wie es die Vorväter geschaffen hatten. Die Bildung von Groß-Berlin im Jahre 1920 — das Schöneberger Rathaus war damals der Verwaltungssitz einer selbständigen Stadtgemeinde — und die des heutigen Hamburg, 1937 aus der Zusammenfassung von Hamburg-Altona, Wandsbeck und Harburg zu Groß-hamburg entstanden, waren Ausnahmen in der Neuordnung städtischer Ballungen.

Seit den zwanziger Jahren waren es immer die Raumordner und Planer, die auf das wachsende Mißverhältnis zwischen der Entwicklung der Siedlungsflächen und der Einzugsgebiete mit den Verwaltungsgrenzen hingewiesen haben. Der Deutsche Juristentag hat dann 1964 das Thema aufgenommen: „Entspricht die gegenwärtige kommunale Struktur den Anforderungen der Raumordnung?, Empfehlen sich gesetzgeberische Maßnahmen der Länder und des Bundes?, Welchen Inhalt sollen sie haben?"[55]) war Gegenstand seiner Verhandlungen, die ein einmütiges „Ja" zur Notwendigkeit einer Gebietsreform erbrachten. Man wußte es zwar längst: 24 000 Gemeinden, das war gegen jede kommunalpolitische Vernunft. Es gab zahllose Landgemeinden, in denen der Haushalt vorwiegend aus Beiträgen zu Zweckverbänden bestand, an denen die Gemeinde sich beteiligen mußte, wo die Gemeindevertretung nur viel-

[55]) Verhandlungen des 45. Deutschen Juristentages, Band I, Teil 5, Gutachten von Werner Weber, München und Berlin 1964.

leicht noch über Mittel zur Unterhaltung ihrer Wege, aber nicht mehr den Neubau einer neuen, größeren Schule, den Ausbau der Abfallbeseitigung oder der Wasserversorgung beschließen konnte, weil sie dafür zu leistungsschwach war. Manche kleinen Städte, auf engsten Raum begrenzt, sahen sich von großflächigen Gemeinden umgeben, die ihnen mit ihren Siedlungs- und Gewerbeflächen immer mehr die Chance zur ausreichenden Versorgung der eigenen Bürger beengten.

Gebietsreform, das war zugleich Besinnung auf die Grundlagen der örtlichen Selbstverwaltung: die Erhaltung der Planungshoheit und die Fähigkeit zur Daseinsvorsorge für die eigenen Bürger, aber auch der Substanz für kommunalpolitische Aktivität. Was nutzte es, das Standesamt zu haben, aber nicht zu wissen, wo man im Stadtgebiet noch seine eigenen Toten begraben konnte? Was nutzte die Schulreform, wenn für neue Schulkomplexe in den Stadt- und Gemeindegrenzen kein Raum mehr war? Und was nutzte es einer Stadtrandgemeinde, wenn sie zunehmend sich in die Lage versetzt sah, Standort für alles das zu werden, was der benachbarten Stadt lästig wurde?

Diese Reform war das große Thema in der Arbeit der Landtage zwischen 1966 und 1977. In zahlreichen Regierungserklärungen, Denkschriften und Sachverständigengutachten wurden Voraussetzungen für die Neuordnung geschaffen. Es war nicht nur ein Zeichen zeitgebundenen Denkens, sondern eine zwingende Notwendigkeit, die kommunale Organisation auch den ökonomischen Anforderungen anzupassen. Frido Wagener hatte 1969 in seinem berühmt gewordenen Buch über den „Neubau der Verwaltung“ mit zahlreichen Berechnungen modellartig erarbeitet, wie groß Verwaltungseinheiten sein müßten, wenn man sie nach gegenwärtigen Maßstäben für Aufgabenbereiche wie Schulen, Freizeitanlagen, Gesundheitseinrichtungen, Heime, Jugendamt, Bauaufsicht, Kataster- und Vermessungsverwaltung, für Standesämter, Ordnungsämter, Straßenverkehrsämter, Feuerwehr und Katastrophenschutz als leistungsfähig ansehen konnte. Solche Berechnungen hatte es bis dahin kaum gegeben; Tradition hatte den Vorrang vor Ökonomie. Vielen Kommunalpolitikern wurde es in der Konfrontation mit dem Zahlenwerk nüchterner Berechnungen erst klar, wie wenig die alte Gemeinde, der eigene Kreis solchen Normen der Leistungsfähigkeit entsprach und wie sehr man sich in Illusionen der Eigenständigkeit bewegt hatte.

Für die Neuordnungen im Raum außerhalb der Ballungsgebiete gab es eine Reihe von Denkmodellen, z. B. den oben erwähnten „zentralen Ort“, d. h. die Gemeinde oder Stadt, die für ihr Umland einen Überschuß an Versorgungsleistungen erbrachte; es mußte nun geprüft werden, ob solche Kommunen nicht der alleinige Träger der hauptamtlichen Verwaltung sein sollten. Das Modell der zentralörtlichen Versorgung führte zu einer Mindestgröße von 7000—8000 Einwohnern für die unterste Verwaltungseinheit in den ländlichen Räumen. Das ist fast in allen Ländern gleichmäßig anerkannt worden. Sehr viel schwieriger war die Grenzziehung im Umland großer Städte. Zu deutlich wurde, daß es allein mit einer neuen Grenzziehung nicht getan war und daß immer noch umfangreiche Fragen der Zusammenarbeit im größeren Raum auf Lösungen warteten. Nicht die Bevölkerungsgröße allein, vielmehr die gemeinsame Planung, der Umfang der Investitionsentscheidungen und die Gleichmäßigkeit der Versorgung waren wichtige Kriterien für die Abgrenzung der neuen Großstädte. Sie hatten in den Augen der Bevölkerung häufig schon längst Bestand, weil die alte kommunale Grenze quer durch die Siedlungsgebiete ging. Was sich in diesem Zeitraum an Planungen und Plänen, heftigen politischen Auseinandersetzungen, Bürgerinitiativen, Bereisungen, Anhörungen, Verhandlungen und Debatten abgespielt hat, wird einmal die Geschichtsschreiber und Politikwissenschaftler beschäftigen. Die Änderungen waren tiefgreifend.

b) Die Gebietsreform und ihre Folgen

Die folgende Tabelle zeigt den Umfang der Änderungen:

Gebietsreform in der Bundesrepublik Deutschland 1966—1976 (Stand: 1. 7. 1976)

Ebene	1968	1. 7. 1976	Angestrebtes Ziel nach Abschluß der Reform (etwa 1978)	Veränderungen in % am 1. 7. 1976 gegenüber 1968	Veränderungen in % nach Abschluß gegenüber 1968
Kreisfreie Städte	135	89	85	—34 %	—37 %
Kreise	425	250	230	—41 %	—46 %
Kreisangehörige Gemeinden	24 282	10 664*)	7 916**)	—55 %	—67 %

*) Davon 5594 Einheitsgemeinden mit eigener hauptamtlicher Verwaltung und 5070 Ortsgemeinden, die zu 724 Verwaltungseinheiten mit hauptamtlicher Verwaltung zusammengesetzt sind (Ämter, Samtgemeinden, Verbandsgemeinden, Verwaltungsgemeinschaften pp.), so daß am 1. 7. 1976 insgesamt 6318 hauptamtliche „Gemeindeverwaltungen" bestanden.

**) Davon 2045 Einheitsgemeinden mit hauptamtlicher Verwaltung und 5871 Ortsgemeinden, die zu 1089 Verwaltungseinheiten mit hauptamtlicher Verwaltung zusammengesetzt werden sollen (Ämter, Samtgemeinden, Verbandsgemeinden, Verwaltungsgemeinschaften pp.), so daß mit Abschluß der Gemeindereform insgesamt etwa 3124 hauptamtliche Gemeindeverwaltungen bestehen werden.

Noch ist die Gebietsreform nicht abgeschlossen. Die Bildung größerer Gemeinden in Schleswig-Holstein, Baden-Württemberg und Bayern schreitet voran. Man hat von Entscheidungen des Gesetzgebers abgesehen, weil man auf die Einsicht der betroffenen Gemeinden hofft und das Prinzip der Freiwilligkeit nicht vollständig aufgeben wollte. In Niedersachsen muß die Kreisreform zu Ende gebracht werden. Aber das ist alles nur eine Frage der Zeit. Eines muß trotz aller Verfassungsgerichtsprozesse, die geführt worden sind, festgestellt werden: Die Reform hat sich ohne große Krisen und Schwierigkeiten vollzogen, in einer Demokratie Zeichen für politische Vernunft und hervorragendes administratives Können. Sicher ist nicht alles gelungen. Manche Lösungen sind zu sehr am stetigen Wachstum von Bevölkerungs- und Industriepotential orientiert, auf das man nun vergeblich warten wird. Neue städtische Mittelpunkte, die aus solchen Zuwächsen entstehen sollten, wird es gelegentlich nicht geben können. Manche Städte sind bewußt „polyzentrisch" angelegt worden, so nannten es die Planer; man erwartet, daß sich trotzdem ein Stadtbewußtsein einstellen wird. Ob sich dies bei Gebilden wie der neuen „Stadt Lahn" im Raume der Städte Wetzlar und Gießen erreichen läßt, wo man die Türme des Nachbarorts nicht mehr sieht, mag einige Skepsis hervorrufen. Vielleicht bleibt eine solche Lösung ein Kunstgebilde wie Salzgitter, das ein Erbe des Dritten Reiches ist, auf grüner Wiese gegründet, halb Kreis halb Stadt und mit andauernden schwierigen Strukturproblemen und mancher Erschwernis in der Tagesarbeit. „Effektivität und politische Integration", die beiden viel zitierten Schlagworte der Reform, sind wie immer in solchen Perioden ein gutes Stück vom „Prinzip Hoffnung". Trotz allem, der Schritt war notwendig, er war groß und damit auch ein Wagnis.

Groß war trotz allen Gewinns aber auch der zahlenmäßige Verlust an politischen Mandaten. Dies Faktum kann man nicht allein mit Zukunftserwartung zudecken. Hier werden die neuen Gemeinden und Kreise erfindungsreich sein müssen, um kommunale Aktivität anzureichern, den alten Ortschaften ihre Eigenständigkeiten zu lassen, wo sie sinnvoll sind. Die Bezirksgliederung in den Großstädten, wie sie oben auf S. 26 geschildert ist, kann nur ein Mittel sein. „Ende des Dorfes?" Das war in der ersten Auflage dieses Buches eine offene Frage. Heute ist sie jedenfalls für die gegenwärtige Generation entschieden. Das alte Dorf bleibt soziale Gemeinschaft im begrenzten Sinne, die Identität zwischen Verwaltungseinheit und sozialer Einheit konnte nicht mehr aufrechterhalten werden. Aber „Bürgernähe" ist auch ein Problem der Verwaltungskunst. Manche Verwaltung wird umdenken müssen und die Leistung dem Bürger ins Haus bringen, wofür sie ihn früher auf's Amt geladen hat.

c) *Funktionalreform, eine neue Reform?*

Als die Gebietsreform begonnen wurde, sprach man von kommunaler „Flurbereinigung". Es ging um Grund und Boden. Später tauchte das Wort von der „Funktionalreform" auf, die der Gebietsreform nachfolgen sollte. Durch eine neue Verteilung von Aufgaben zwischen Ländern, Kreisen und Gemeinden sollte den Städten und Gemeinden möglichst viel an örtlicher Zuständigkeit nicht nur gesichert, sondern neu zugeführt werden. Da geht es z. B. um Fragen, ob die Bauaufsicht bei den Kreisen oder bei den neugebildeten kreisangehörigen Städten und Gemeinden liegen soll, wer ein eigenes Jugendamt unterhalten kann, wo die Entscheidungen über Pässe oder Kraftfahrzeugzulassung liegen sollen und wer Träger von weiterführenden Schulen ist. Es geht um die Mitwirkung der Kommunalverwaltung in der Landesplanung, um die Neuordnung der Staatsaufsicht und die Einflußnahme auf Investitionsentscheidungen. Eine Fülle von einzelnen Überlegungen steht an, aber eine „Reform" wird es kaum werden. Zu sehr sind die Zuständigkeiten für die Wahrnehmung der Aufgaben im gesamten staatlichen Verwaltungssystem festgeschrieben, zu gering ist die Manövriermasse. Die großen Blöcke werden nicht bewegt werden. Die zentrale Steuerung wird stärker werden, der Umfang durchführender Tätigkeit in der kommunalen Verwaltung wird zunehmen, ohne daß man den Inhalt örtlich bestimmen kann. Sicher ist manches sinnvoller zu gestalten und den neuen Grenzen anzupassen. Die kommunale Selbstverwaltung wird sich hüten müssen, allzusehr örtliche Schreibstube zu werden, während die Entscheidungen über wichtige Investitionsaufgaben mehr und mehr bei den Länderbehörden und in den Ministerien getroffen bzw. programmiert werden. Das ist die eigentliche Gefährdung der Autonomie.

IV. Die Gemeinde im größeren Raum

1. Einordnung in den staatlichen Aufbau

a) Instanzen

„Deutschland ist ein hervorragendes Beispiel für verworrene und sich überschneidende Zuständigkeiten als Ergebnis mangelnder Bereitschaft, die Gebiete und die Aufgaben örtlicher Behörden zu rationalisieren und so den veränderten Voraussetzungen der Gegenwart anzupassen“[56]). Dieses harte Urteil stammt von dem hier mehrfach zitierten Engländer A. H. Marshall, der als früherer Stadtkämmerer (in Coventry), nachmaliger Professor für Kommunalwissenschaften (an der Universität Birmingham) doppelte Kompetenz hat. Er hat für eine Regierungskommission verschiedene Länder bereist und ihre Kommunalverwaltung vergleichend dargestellt, darunter auch die der Bundesrepublik Deutschland. Man darf wohl sagen, daß er uns als ein kritischer Freund besucht hat, und, mag er hier oder da etwas mißverstanden haben, im ganzen haben wir gewiß Anlaß, aufmerksam zu bedenken, was er gerade auch an Kritik äußert. Sein Urteil über den deutschen Verwaltungswirrwarr wird nicht zuletzt durch die Tatsache gestützt, daß die „Verwaltungsreform“ in Deutschland auch nach der gebietlichen Neuordnung der letzten Jahre noch keineswegs abgeschlossen ist. Dazu wird unten noch einiges zu sagen sein.

Deutschland hat mehr Verwaltungsstufen als manche vergleichbaren Länder (und naturgemäß als kleinere Länder). Außerdem sind wir bestrebt, einerseits die Prinzipien der Selbstverwaltung auf verschiedenen dieser Stufen wirksam werden zu lassen, andererseits staatliche Leitung und Aufsicht bis nach „unten“ durchschlagen zu lassen. Staat und Selbstverwaltung begegnen sich deshalb auf verschiedenen Stufen, gelegentlich sogar in derselben Behörde. In den einzelnen Bundesländern sind diese Stufen nicht ganz identisch, teilweise wegen der unterschiedlichen Größe der Län-

[56]) Marshall, S. 145.

der, teilweise auch aus historischen Gründen. So stehen über- und nebeneinander:

STAAT	*SELBSTVERWALTUNG*
	Gemeinde
	Amt oder Verbandsgemeinde (nicht in allen Bundesländern)
Kreis	*Kreis, Kreisfreie Stadt*
Regierungsbezirk	*Höhere Gemeindeverbände (nicht in allen Ländern, unterschiedliche Struktur und Kompetenz)*
Land	
Bund	

Dazu kommen die Organisationen der zwischengemeindlichen Zusammenarbeit und der Körperschaften aller Art.

Das ist für einen Ausländer, der einen einfachen Dreistufenbau — etwa Gemeinde, Provinz, Land — gewöhnt ist, wohl schon etwas verwirrend. Es kommt aber hinzu, daß die Kompetenzverteilung auf den einzelnen Stufen nicht einheitlich ist.

Die kreisangehörigen Gemeinden haben erweiterte Aufgaben, wenn sie „große" Kreisstädte sind; diese besondere Institution gibt es nicht in allen Bundesländern. Andererseits sind in manchen Ländern wenig leistungsfähige Gemeinden zu „Ämtern" oder „Verbandsgemeinden" zusammengeschlossen, die gewisse Aufgaben übernehmen oder den zusammengeschlossenen Gemeinden eine gemeinsame Verwaltung zur Verfügung stellen. Diese Konstruktion ist natürlich für kleine Dörfer entstanden; sie hat sich aber gelegentlich mit einer gewissen Zähigkeit gehalten, wenn eine der beteiligten Gemeinden den ursprünglichen Rahmen gesprengt hat und fähig zur Selbständigkeit geworden ist.

Schließlich geht nicht jede Aufgabe, die über die Kräfte einer Instanz hinausgeht, ohne weiteres auf die nächste über. Vielmehr können mehrere Gemeinden sich zu einem „Zweckverband" zusammenschließen, um gemeinsam z. B. ein Krankenhaus oder ein Wasserwerk zu betreuen; in der Bundesrepublik gab es 1970 etwa 5000 Zweckverbände. Ihre Zahl hat durch die Bildung größerer Gemeinden stark abgenommen, gleichwohl bleibt dieses Rechtsinstrument ein sehr bewegliches und vielseitiges Mittel zur Erfüllung öffentlicher Aufgaben (unter Umständen auch in Gemeinschaft mit privaten Stellen, etwa in der Energieversorgung) und findet als solches nicht selten internationale Anerkennung. Aber zur Buntheit der Kompetenzen in der „Ortsebene" trägt es bei. Dazu weiteres unter 2. In gleichem Sinne kann man das auch von der unterschiedlichen Organisation der Versorgung mit Gas oder Elektrizität sagen; eine Gemeinde, die sich auf diesem Gebiet einer der großen Verbundgesellschaften anschließt, verlagert gewissermaßen einen Teil der Kompetenzen aus sich hinaus.

Von dem Kreis als Verwaltungsträger für eine größere Zahl kreisangehöriger Städte und Gemeinden ist schon die Rede gewesen[57]), auch von seiner doppelten kommunalen Funktion: Übernahme von Aufgaben, die die Kraft der einzelnen Gemeinde übersteigen, und Ausgleich insbesondere in finanzieller Hinsicht. Aber der Kreis hat außerdem eine staatliche Aufgabe, nicht nur in dem Sinne, daß ihm — wie den kreisfreien Städten — bestimmte staatliche Auftragsangelegenheiten zugewiesen sind; der Staat bedient sich des Kreises außerdem als Aufsichtsbehörde über die ihm angehörenden Gemeinden, genauer, er bedient sich dazu des leitenden Beamten des Kreises. Dieser leitende Verwaltungsbeamte heißt in den meisten Bundesländern Landrat, in Nordrhein-Westfalen und Niedersachsen heißt er Oberkreisdirektor. (Der Titel Landrat kommt in diesen Ländern dem ehrenamtlichen Vorsitzenden der Kreisverwaltung zu — das Verhältnis Bürgermeister/Gemeindedirektor spiegelt sich auf der Ebene des Kreises.) Seiner staatlichen Aufgabe wegen *muß* der Verwaltungsleiter eines Landkreises — im Gegensatz zum Oberbürgermeister (bzw. Oberstadtdirektor) einer kreisfreien Stadt — Volljurist sein. Er bedarf der staatlichen Bestätigung, wird aber vom Kreistag gewählt. Wo der Landrat vom Volke gewählt wird wie in Baden-Württemberg und Bayern, wird ihm ein juristischer Staatsbeamter als Vertreter beigegeben. Der Kreis als Instanz der Staatsverwaltung wird als „untere (staatliche) Verwal-

[57]) Vgl. S. 14 ff.

tungsbehörde" tätig. Der Kreistag seinerseits wird — in den einzelnen Bundesländern jeweils analog zum Verfahren bei den Gemeinderatswahlen — unmittelbar von der Bevölkerung gewählt. Insofern ist der Kreis kein „Verband", der sich aus Mitgliedern zusammensetzt, der Kreistag keine Verbandsversammlung. Der Kreis ist bei vielen Verwaltungsaufgaben unterste Instanz, vor allem bei solchen, die Spezialisten benötigen wie in einigen Ländern die Gesundheitsämter, die Kataster- und Vermessungsämter oder die Veterinärämter. Andere sind je nach Einwohnergröße auf Kreis und Gemeinden verteilt, wie das Jugendamt und die Bauaufsicht; bei wiederum anderen nehmen die Gemeinden die Anträge entgegen, die in der Kreisverwaltung bearbeitet werden. Zahlreiche Gemeindemaßnahmen, die überörtliche Bedeutung haben können, werden auf Kreisebene abgestimmt. Kreis und kreisangehörige Gemeinden stellen also ein arbeitsteiliges System dar, dessen Leistungen mit denen kreisfreier Städte durchaus vergleichbar ist.

Das schöne und empfehlenswerte Wort, das dem alten preußischen Landrat zugeschrieben wurde, „Auf Nachmittagsarbeit ruht kein Segen" kann der heutige Landrat oder Oberkreisdirektor nicht mehr praktizieren. Der Vorgänger königlicher Zeiten konnte nachmittags anspannen lassen und durch das Kreisgebiet fahren, so daß er Menschen und Dinge immer wieder sah und in ihrer Entwicklung beobachtete. Den Vorzug einer verhältnismäßig bevölkerungsnahen Verwaltung kann auch heute noch manche Kreisverwaltung in Anspruch nehmen; doch erreichen manche der neuen Kreise in den Ballungsräumen heute eine Größe von mehreren hunderttausend Einwohnern, andere Flächen von 2000 qkm.

Über den Kreisen mit ihrem staatlich-kommunalen Doppelgesicht und über den kreisfreien Städten stehen als staatliche Verwaltungs- und Aufsichtsinstanz die Regierungsbezirke. Die kleinen Flächenstaaten Saarland und Schleswig-Holstein bedürfen keiner solchen Mittelinstanz zwischen Landesregierung und Kommunalverwaltung. Der Regierungspräsident bzw. seine Behörde vertritt für ein gewisses Gebiet die Landesregierung mit allen ihren Ressorts. Er soll sie von den Verwaltungsaufgaben möglichst entlasten, damit sie sich dem Geschäft des Regierens, also den großen Planungen und Richtlinien, möglichst ungestört widmen kann; er verteilt Mittel etwa für den Schulbau und beaufsichtigt die Kreise und kreisfreien Städte; zahlreiche Genehmigungen im Bau- und Planungswesen oder im Natur- und Landschaftsschutz werden von ihm erteilt. Die raumordnenden Vorstellungen der Länder werden von ihm im Gebiet des Bezirks koordiniert.

b) Aufsicht

Es gibt Verwaltungspolitiker, die die deutschen Bundesländer nur noch als eine Art höherer Kommunalverbände gelten lassen — oder sie dazu entwickeln — wollen. Das würden die Länder selbst natürlich lebhaft ablehnen, und für die gegenwärtige Rechts- und Machtlage trifft es gewiß nicht zu. Die Länder haben Parlamente, die aus unmittelbaren Volkswahlen hervorgehen, nicht durch Delegation aus anderen Körperschaften entstehen. Sie üben gerade den Gemeinden und Kreisen gegenüber eine deutliche Souveränität aus, die sich in der Gesetzgebung über die Rechtsverhältnisse der Gemeinden, in dem Finanzausgleich und in der Kommunalaufsicht manifestiert. Bei dem wachsenden Gewicht des Bundes und der Länder im Gesamtstaat werden die Überlegungen immer dringlicher, ob es nicht schon ein Übermaß an Aufsicht gibt und ob hier nicht Aufsicht zum Hineinregieren und in übertriebenes Reglementieren ausartet. In der Handhabung der Aufsicht entscheidet sich die Frage, wie autonom denn die Gemeinden noch sind, oft viel deutlicher als bei der großen politischen Auseinandersetzung der drei Ebenen um ihren Machtanteil im Staat.

Die staatliche Aufsicht rechtfertigt sich insbesondere daraus, daß die Gemeinden, Landkreise und, soweit sie bestehen, die höheren Kommunalverbände neben ihren eigentlichen Aufgaben auch staatliche Aufgaben wahrnehmen und daß sie dafür sowie ergänzend für eigene Zwecke auch staatliche Mittel erhalten. Außerdem besteht natürlich ein Interesse des Staates daran, in gewissen Fragen einigermaßen einheitliche Gesichtspunkte zur Geltung zu bringen; das ergibt sich schon aus dem Auftrag des Grundgesetzes

(Art. 72, Abs. 2, 1) an den Bund, die Einheitlichkeit der Lebensverhältnisse im Bundesgebiet zu sichern. Wie in anderem Zusammenhange hervorgehoben, ist die Staatsaufsicht über Selbstverwaltungsfragen auf die Rechtmäßigkeit beschränkt; nur bei Auftragsangelegenheiten ist durch die „Fachaufsicht" auch die Zweckmäßigkeit der kommunalen Maßnahmen zu prüfen oder notfalls herzustellen. Daß es freilich in der Praxis auch andere Mittel, insbesondere finanzieller Natur gibt, den staatlichen Willen durchzusetzen, ist ebenfalls schon gesagt worden.

Die kreisangehörigen Gemeinden unterstehen im allgemeinen der Aufsicht des Kreises, der in diesem Falle als untere staatliche Verwaltungsbehörde handelt. Für „große Kreisstädte" und Städte mit ähnlichem Sondercharakter in verschiedenen Ländern ist der Regierungspräsident Aufsichtsbehörde. Er hat insbesondere die Aufsicht über die Landkreise und kreisfreien Städte zu führen. In Schleswig-Holstein, das die Instanz des Regierungspräsidenten nicht kennt, führt das Innenministerium die Aufsicht über die kreisfreien Städte und über die kreisangehörigen mit mehr als 20 000 Einwohnern[58]). Die Aufsicht soll, wie es in der Gemeindeordnung für Baden-Württemberg (§ 118) heißt, so ausgeübt werden, „daß die Entschlußkraft und die Verantwortungsfreudigkeit der Gemeinde nicht beeinträchtigt werden". In Bayern (Art. 108) wird formuliert, die Aufsichtsbehörden sollten „die Gemeinden bei der Erfüllung ihrer Aufgaben verständnisvoll beraten, fördern und schützen sowie die Entschlußkraft und die Selbstverantwortung der Gemeinden stärken". Ähnlich heißt es in den meisten Gemeindeordnungen. Das Schwergewicht der Aufsicht sollte nach Wolff bei einer die Selbstverantwortung der Gemeinden stärkenden und Gesetzwidrigkeiten vorbeugenden Beratung liegen.

Das erste Mittel der Kommunalaufsicht ist eine laufende Information. Die zuständige Behörde kann jederzeit Akten einsehen, die Kassenführung prüfen, Anstalten und Einrichtungen der Gemeinde besichtigen. Bestimmte Pläne, etwa

[58]) Zur Aufsicht: Wolff, II S. 101 ff.; Klüber, Gemeinderecht, S. 348 ff.

die Errichtung wirtschaftlicher Betriebe und die Haushaltssatzung, müssen die Gemeinden der Aufsichtsbehörde von sich aus rechtzeitig vorlegen. Die Aufsichtsbehörde kann Pläne, gegen die sie Bedenken hat, oder fehlerhafte Wahlakte der Organe beanstanden; das hat aufschiebende Wirkung, bis eine höhere Instanz, gegebenenfalls die Verwaltungsgerichtsbarkeit, entschieden hat. Gewisse Maßnahmen bedürfen einer ausdrücklichen Genehmigung der Aufsichtsbehörde, z. B. die Beteiligung an privatwirtschaftlichen Unternehmen, die Aufnahme von Darlehen, aber auch die Beseitigung oder wesentliche Veränderung historisch wertvoller Baudenkmäler. Wenn nun die Gemeinde der Beanstandung durch die Aufsichtsbehörde nicht Rechnung trägt, so kann diese anordnen, daß die Gemeinde eine bestimmte Maßnahme trifft oder eine beanstandete Maßnahme aufhebt, und wenn die Gemeinde widerspenstig bleibt, kann die Aufsichtsbehörde von sich aus diese Maßnahmen treffen, unter Umständen zu diesem Zwecke einen Kommissar einsetzen. Im äußersten Falle kann sie eine renitente Gemeindevertretung auflösen, und in zwei Ländern kann sie der Gemeinde sogar Mittel aus dem Finanzausgleich sperren. In Bayern kann die Staatsregierung eine Neuwahl des ersten Bürgermeisters anordnen. Alles dies sind Vorkehrungen für Extremsituationen, die seit dem Bestehen der Bundesrepublik, wenn überhaupt, so nur in seltensten Fällen konkret geworden sein dürften. Selbstverständlich sind die Gemeinden wie jeder einzelne Staatsbürger gegen etwaige Willkürakte des Staates geschützt, indem sie die Gerichte anrufen können.

Aktuellere Bedeutung als die zuletzt genannten Vorsorgen für Konfliktfälle hat der laufende Vollzug der Aufsicht in der Praxis des Alltags. Dabei ergeben sich, je nach der Größe und Kraft der beteiligten Gemeinden, recht unterschiedliche Verhältnisse. In grober Zusammenfassung kann man etwa sagen, daß im Verhältnis zu kleinen Gemeinden ein Übergewicht der Kommunalaufsicht besteht, bei allen anderen ein partnerschaftliches Verhältnis zwischen Gleichberechtigten, nur bei Großstädten ein Schwergewicht der Stadt, das von der Aufsichtsbehörde gelegentlich schon als ärgerlich empfunden wird. Diese Beobachtung wird durch eine Untersuchung, die sich auf Beispiele aller dieser Gemeindetypen erstreckt hat, bestätigt[59]).

Der Bürgermeister einer kleinen Gemeinde beklagt, daß die Kommunalaufsicht „ein dem Vormundschaftsverhältnis ähnliches Verhältnis“ schaffe, und bejaht die Frage, ob die Aufsichtsbehörde die gesetzlich garantierte Selbstverwaltungsphäre der Gemeinde nicht genügend respektiere, obwohl er zugibt, daß an einigen Stellen die Kenntnisse der kommunalen Verwaltung so gering seien, daß „eine Art Bevormundung durchaus notwendig ist, um Schaden von der Bevölkerung abzuwenden“. Wie schon an anderer Stelle gesagt, gibt es auch heute noch Gemeinden, die einfach zu klein sind, ihre Aufgaben in fachlich guter Qualität wahrzunehmen, in diesem Falle also zu klein, um sich genügend ausgebildete und erfahrene Dienstkräfte zu halten. Das führt dann naturgemäß zu einem schlechten Klima zwischen Aufsichtsbehörde und Gemeinde, zu einem „Gefühl des Mißtrauens“, um jenen Bürgermeister zu zitieren, der denn auch die Bildung von Großgemeinden für ein notwendiges Mittel zur Stärkung der gemeindlichen Verwaltungskraft und damit der Selbständigkeit gegenüber der Aufsichtsbehörde hält.

Ganz anders äußert sich der Bürgermeister einer Kleinstadt über dieselbe Kreisaufsichtsbehörde: „Zwischen unserer Stadt und der Kommunalaufsichtsbehörde besteht ein gutes Verhältnis, das von dem Gefühl der gegenseitigen Anerkennung getragen wird. Ich kann nicht behaupten, daß die Kommunalaufsichtsbehörde jemals einen Druck auf uns ausgeübt hätte oder daß man allgemein sagen müßte, die Kommunalaufsichtsbehörde verlange eine Unterordnung unter ihren Willen.“ Ähnlich äußert sich der Bürgermeister einer Mittelstadt, die im gegebenen Falle unmittelbar durch das Ministerium des Innern beaufsichtigt wird; er wertet die Beratung durch die Kommunalaufsichtsbehörde ausdrücklich als „sehr positiv“.

In einer Großstadt dagegen — es handelt sich um Hannover — „sind die Beziehungen der Stadt zu dem Regierungspräsidenten als Kommunalaufsichtsbehörde einerseits

[59]) Glass, insbesondere S. 84 ff., 99 ff., 125 ff., 137 ff.

so locker und andererseits so reibungslos, daß der Stadtkämmerer während seiner dreijährigen Tätigkeit die Existenz einer Kommunalaufsichtsbehörde kaum bemerkte". Die Stadt ist mit ihrem sachkundigen und spezialisierten Personal dem Apparat des Regierungspräsidenten mindestens gewachsen. Das bedeutet auch, daß angesichts der Qualität dieses Personals Rechtsverstöße „gar nicht oder in unbedeutender Zahl" vorkommen. Zu den guten Beziehungen trägt es gewiß auch bei, daß die leitenden Verwaltungsbeamten beider Stellen, der Stadt und des Regierungspräsidiums, dieselbe Ausbildung hinter sich haben, daß sie sich persönlich kennen und in gewissem Grade austauschbar sind. Es kommt durchaus vor, daß ein höherer Staatsbeamter Beigeordneter, Bürgermeister, Oberbürgermeister einer Stadt wird, daß andererseits ein leitender städtischer Beamter Regierungspräsident wird oder in ein Ministerium eintritt. Wenn sich aus diesen Verhältnissen ergibt, daß eine große Stadt — nicht unbedingt nur eine Landeshauptstadt — sich in Fragen, die der Mitwirkung des Landes bedürfen, unmittelbar an das zuständige Ministerium wendet, so mag das im Einzelfalle dann doch zu einer gewissen Verstimmung beim Regierungspräsidenten und zu einem mehr oder weniger deutlichen Hinweis auf den Dienstweg Anlaß geben.

Freilich fordert das Land zu solcher Umgehung des Instanzenzuges geradezu heraus, wenn den Ministerien die Verfügung über gewisse Fonds vorbehalten bleibt. Da mögen dann Gemeinde und Kommunalaufsicht in gleicher Weise Anlaß zur Kritik am Verhalten der Regierung haben. Wenn etwa 1 Million DM für die Förderung neuer Volkshochschulhäuser ausgeworfen sind, so werden sehr viel mehr Volkshochschuldirektoren bei dem zuständigen Ministerialrat vorsprechen, als schließlich bedacht werden können, und, wenn man die Summe der verreisten Arbeitsstunden und Spesen zöge, könnte sich zeigen, daß die Verteilung jenes Betrages sehr teuer geworden ist. Aber der Ministerialrat wird auf solchen Vorwurf erwidern, er habe erstens eine Ausgleichsaufgabe und zweitens würden viel weniger Volkshochschulhäuser gebaut, wenn nicht mit den von ihm bewilligten Zuschuß ein Anreiz gegeben würde, ein Anreiz, der unter Umständen kommunale Mittel von Stellen wegleitet, wo sie noch dringender gebraucht würden. Und in der Tat: Wenn ein kommunaler Spitzenverband eine Liste solcher „Töpfchen" zusammenstellt, um die Zersplitterung staatlicher Mittel anzuprangern, so werden seine Mitglieder, die Gemeinden, diese Liste eiligst anfordern — nicht um sich darüber zu empören, sondern um nachzusehen, wo vielleicht für sie selbst etwas herauszuholen wäre.

c) *Prüfung*

Wer fremdes Geld verwaltet, muß Rechnung legen und sich prüfen lassen. Das gilt im öffentlichen wie im privaten Bereich.

Die interne Prüfung als laufende Überwachung des Haushaltsablaufs mit der Ordnungsprüfung der Haushaltsrechnung obliegt in den größeren Städten und Gemeinden dem Rechnungsprüfungsamt. Es ist von der Verwaltung unabhängig und der Gemeindevertretung unterstellt und ihr zur Rechenschaft verpflichtet. Sein Leiter wird von ihr, nicht vom Verwaltungschef bestellt. In Gemeinden unter 20 000 Einwohnern (in Niedersachsen unter 30 000) genügt ein Rechnungsprüfungsausschuß.

Eine besondere Regelung hat die überörtliche Prüfung gefunden, die als Aufsichtsprüfung turnusmäßig das gesamte Finanzgebaren der Gemeinden überprüft, aber auch in der Organisation nach dem Rechten sieht.

Zuständig ist für kreisangehörige Gemeinden in der Regel das Rechnungsprüfungsamt der Kreise; für kreisfreie Städte, wie auch für die Kreise selbst, das Gemeindeprüfungsamt bei dem Regierungspräsidenten, im Saarland das Innenministerium und in Rheinland-Pfalz und Schleswig-Holstein der Landesrechnungshof. Die süddeutschen Länder haben Sonderregelungen: In Baden-Württemberg führt die Gemeindeprüfungsanstalt die überörtliche Prüfung durch und in Bayern prüft der Bayerische Prüfungsverband öffentlicher Kassen die Haushaltsrechnungen der Gemeinden, die seine Pflichtmitglieder sind. Er ist auch für die überörtliche Prüfung zuständig, hier aber im Wechsel mit staatlichen Rechnungsprüfungsstellen. Nur Hessen hat noch keine überörtliche Prüfung eingerichtet. Es ist dann Sache der Aufsichtsbehörden, aus den „Prüfungsbemerkungen" dieser Instanzen Folgerungen zu ziehen. Der Respekt vor diesen Prüfungsbehörden ist nach wie vor groß, auch wenn heute der Müller von Sanssouci nicht mehr vor seiner Obrigkeit auf die „Oberrechenkammer" verweisen würde.

Noch eine Besonderheit bei kommunalen Unternehmungen und den Sparkassen: Das Rechnungswesen der Unternehmen im Eigentum von Gemeinden wird von Wirtschaftsprüfern geprüft. Hier kann dann das breite Erfahrungsgut aus der Pflichtprüfung privater Unternehmen auch den Gemeinden zugute kommen. Sparkassen haben in den Sparkassen- und Giroverbänden ihre eigene Prüfungsorganisation.

Das reichlich bunte System ist sicher nicht perfekt und soll in Kürze neu geordnet werden[60]). Aber auch heute hat die deutsche Kommunalverwaltung international einen soliden Ruf, auch ein Verdienst der „Prüfung".

2. Überörtliche Beziehungen

a) Interkommunale Zusammenarbeit

Viele Gemeinden, nicht nur die kleinen, haben immer wieder vor der Frage gestanden, ob sie einzelne Aufgaben nicht besser gemeinsam mit ihren Nachbarn bewältigen sollten. Die Anlässe waren auch in der Vergangenheit vielfältig: gemeinsame Nutzung technischer Geräte, Unterhaltungsaufgaben an Straßen und Gewässern, Trägerschaft von Schulen, Heimen, Krankenhäusern, Kultureinrichtungen, die Zusammenarbeit bei der automatisierten Datenverarbeitung. Die Formen freiwilliger Zusammenarbeit sind zahlreich. So gibt es privatrechtliche und öffentlich-rechtliche Verträge, sog. „Vereinbarungen", Gesellschaften des bürgerlichen

[60]) Erich Potthoff, Prüfung und Beratung als Führungshilfe, in: Rehkopp, Dienstleistungsbetrieb Öffentliche Verwaltung, Stuttgart 1976, S. 51 ff.

Rechts, Kapitalgesellschaften und Vereine. Auf eine der bewährten Formen, den Zweckverband, wurde schon hingewiesen. Seine Errichtung und Organisation sind gesetzlich geregelt. Er ist selbst wiederum eine Körperschaft, die der staatlichen Aufsicht untersteht. Für gemeinsame räumliche Planung bietet das Bundesbaugesetz die Möglichkeit zu Planungsverbänden an, eine nur selten benutzte Organisation.

Die unübersehbar große Zahl an freiwilliger Kooperation war in der Vergangenheit sicher in manchen Gebieten ein Zeichen von Verwaltungsschwäche der Einzelgemeinden. Die größeren neuen Gemeinden können ihre Aufgaben weitgehend allein lösen, soweit sie nicht dem Kreis obliegen. Aber wo das Einzugsgebiet einer gemeindlichen Einrichtung und das Gemeindegebiet nicht übereinstimmen oder wo eine günstige Kostengestaltung die partnerschaftliche Lösung nahelegt, werden die freiwilligen kommunalen Zusammenschlüsse nicht überflüssig werden. Da es sich meist nur um einzelne Aufgaben handelt, wird das in dem letzten Jahr mühsam vereinfachte Kompetenzgeflecht nicht wieder undurchdringlich. Daß die Gesetzgeber die Bedeutung interkommunaler Zusammenarbeit nach wie vor hoch einschätzen, beweisen die neuen Gesetze über die Stärkung der Verwaltungskraft.

Zweckverbände konnten von den Aufsichtsbehörden von jeher auch als Pflichtverbände zwangsweise für Aufgaben, die der Gemeinde gesetzlich übertragen waren, gebildet werden. Davon ist nur selten Gebrauch gemacht worden. Zwang entspricht nicht dem Gedanken gedeihlicher Zusammenarbeit.

Zur Stärkung der Verwaltungskraft ländlicher Selbstverwaltung bestehen in einer Reihe von Ländern Gemeindeverbände kraft Gesetzes; auch sie knüpfen an alte Traditionen wie das preußische „Amt“, die gemeinsame Bürgermeisterei im Südwesten oder die Samtgemeinde in Hannover an. So kennt Schleswig-Holstein das „Amt“, eine Verwaltungsgemeinschaft für alle kleineren Landgemeinden. Die Ämter sind die „Schreibstuben“ der ehrenamtlich verwalteten Gemeinden, halten die Fachkräfte vor und können auch Träger von Einrichtungen wie beispielsweise der Feuerwehr sein. Eine vom Volke gewählte Vertretung haben sie nicht; sie leben von einer Umlage und von Finanzdotationen des Landes. Der Amtsvorsteher und nicht die einzelnen Bürgermeister sind verantwortlich für die meisten hoheitlichen Aufgaben im Amtsgebiet, auch hier anknüpfend an preußische Tradition. Die „Samtgemeinden“ in Niedersachsen, deren Zuständigkeiten wesentlich umfangreicher sein können, sind freiwillige Zusammenschlüsse mit gewählter Vertretung. Man möchte sie aber in der Gebietsreform des flachen Landes allgemein durchsetzen.

In Nordrhein-Westfalen, Rheinland-Pfalz und im Saarland hat man die z. T. sehr großen und leistungsstarken Verwaltungsgemeinschaften („Ämter“) in den letzten Jahren abgeschafft, nachdem man die Gemeindegebiete neu geordnet hatte. Rheinland-Pfalz mit seinen zahlreichen kleineren Gemeinden hat aber statt dessen Verbandsgemeinden als Pflichtverbände geschaffen. Sie bestehen aus mehreren Ortsgemeinden. Die Richtgröße war mit 7500 Einwohnern angesetzt. Verbandsgemeinden sind seit der Verwaltungsreform dieses Landes allgemein eingerichtet worden, soweit es sich nicht um Städte und größere Gemeinden handelt. So konnte man die traditionellen Gemeinden erhalten. Nahezu alle wichtigen Aufgaben nimmt indes die Verbandsgemeinde wahr, wie die Aufstellung eines einheitlichen Flächennutzungsplanes, Schulträgerschaften, den Brandschutz, Trägerschaft von Freizeitanlagen, die Wasserversorgung, Abwasserbeseitigung. Dazu erfüllen sie die staatlichen Aufgaben der Gemeinden und erledigen den Verwaltungsvollzug. Daß sie ganz andere Gebilde sind als die Ämter in Schleswig-Holstein zeigt sich daran, daß sie eine vom Volke gewählte Vertretung haben. Man wird sich fragen müssen, wie hier die Zukunft aussieht: Ein Schritt zur Großgemeinde oder eine sinnvolle Konstruktion zur Erhaltung ortschaftlicher Eigenheiten und — wenn auch begrenzt — der Selbständigkeit der örtlichen Gemeinschaft? In Baden-Württemberg ist für benachbarte Gemeinden die Bildung einer Verwaltungsgemeinschaft erlaubt. Hessen kennt sie als Gemeindeverwaltungsverbände. Hier wie auch in Bayern können solche Verbände auch „von Amts wegen“ erzwungen werden.

Dies alles sind typische Lösungen „zur Stärkung der Verwaltungskraft ländlicher Gemeinden". In den verdichteten Ballungsgebieten haben sie keine Bedeutung. Sie zeigen indes deutlich, daß sich der Trend zur sog. „Einheitsgemeinde", die im gesamten Bundesgebiet auf einheitlichen rechtlichen Grundlagen beruht, nicht hat durchsetzen können.

b) Gemeinschaftsarbeit im Umland großer Städte

Alle soeben beschriebenen Möglichkeiten der Zusammenarbeit haben schon in der Vergangenheit nicht ausgereicht, um die Probleme großstädtischer Siedlungsräume, besonders um die großen Zentren in unserem Lande, zu bewältigen. Zur Abstimmung aller wesentlichen Fragen der Ansiedlung großer Unternehmen, des Ausbaues der Verkehrsverbindungen, der Erhaltung von Freizeit- und Erholungsflächen und der Ordnung alles dessen, was wir heute mit „Umwelt" bezeichnen, genügte nicht der gute Wille der beteiligten Städte und Gemeinden. Aus den oben schon beschriebenen Problemen der Raumordnung läßt sich das deutlich ablesen. Zu stark waren die Einzelinteressen, zu unterschiedlich die Verflechtungen, zu ungleich die Partner. Es fehlte vor allen Dingen an koordinierenden und beratenden Stellen. Hier mußten neue Wege beschritten werden. Das in der ganzen Welt beachtete Modell war der 1920 als erster echter Regionalverband gebildete *Siedlungsverband Ruhrkohlenbezirk*. Er ist ein Kind der kommunalen Selbstverwaltung. Der „Ruhrsiedlungsverband", wie man ihn kurz nennt, wurde zwar durch ein Gesetz des preußischen Staates geschaffen, aber auf Grund der Ideen und Initiative des Essener Stadtbaurats Robert Schmidt und des Essener Oberbürgermeisters Dr. Hans Luther — es ist wohl gerecht, sie in dieser Reihenfolge zu nennen. Er umfaßte schließlich das Gebiet von 18 kreisfreien Städten und 6 Kreisen vollständig und von 3 weiteren Kreisen teilweise. 6 Millionen Einwohner waren 1975 in ihm vereint. Zwei Hauptziele haben seine Gründung bestimmt: Die gemeinsame überörtliche Planung und die Erhaltung von Grünflächen zwischen den sich immer näherrückenden Siedlungen und Industrieanlagen. Dazu kommt später vor allen Dingen die Koordinierung der Verkehrsplanung für die riesige Stadtregion Ruhrgebiet. Wer heute durch das Ruhrgebiet fährt, wird überall das „Verbandsgrün“ entdecken. Es hat das Ruhrgebiet, das durch die stürmische Industrialisierung zu einer tristen Industrielandschaft zu werden drohte, wieder wohnlicher gemacht. Bilder, die sich mit dem Wort „Ruhrgebiet“ verbinden, d. h. nur rauchende Schlote und düstere Städte, gehören dank der Arbeit des Verbandes seit langem der Vergangenheit an. Heute hat der Verband seine Zuständigkeit in der Landesplanung verloren. Für die Erhaltung und den Ausbau von Freizeit- und Erholungsräumen ist er unentbehrlich. Vorbildlich und besonders wirksam war die Partnerschaft zwischen Vertretern der Wirtschaft — Arbeitgebern und Arbeitnehmern! — mit den städtischen Delegierten. Eine Konstruktion, die viel zu wenig Nachahmer gefunden hat und die doch eigentlich für demokratische Bewältigung schwieriger Probleme vorbildlich sein sollte. Seine Tätigkeit wurde ergänzt durch den Ruhrtalsperrenverein, Errichter und Betreiber der zahlreichen Stauseen, die das Ruhrgebiet mit Wasser versorgen, und die leistungsfähigen Wasserverbände, die eines der schwierigsten Probleme haben lösen helfen: die Entwässerung von Siedlungen und Industrie.

Ein modernes Beispiel für einen Regionalverband ist der *Großraum Hannover,* ein gesetzlicher Mehrzweckverband, dem ursprünglich 210 Gemeinden, nicht nur die Stadt Hannover und die umliegenden Landkreise, angehörten. 1975 ist man einen Schritt weitergegangen: Nicht mehr die Kommunen, sondern die Bürger wählen die Mitglieder der Verbandsversammlung. Auch hier waren es ursprünglich Bodenpolitik und Planungskoordination, die einer besonderen Trägerschaft bedurften. Wichtigster Etatposten im Haushalt waren die Mittel zum Ankauf von Grundstücken für bodenordnende Maßnahmen. Der Großraum Hannover war der erste Verband, in dem eine Kernstadt mit ihrem Umland großräumig die Probleme eines Verdichtungsraumes zu bewältigen versuchte. Heute ist seine Tätigkeit erweitert auf die Planung von Krankenhäusern, Einrichtungen der Erwachsenenbildung, Erholungseinrichtungen, der

Wasser- und Energieversorgung, der Abfall- und Abwasserbeseitigung und der Verkehrswege. Ohne den Verband wäre es kaum möglich gewesen, den beispielhaften Nahverkehrsverbund zwischen allen an der Verkehrsversorgung des Verbandsgebietes beteiligten Verkehrsunternehmen, vor allen Dingen auch der Bundesbahn, zu praktizieren. Die Grundsätze, die der Gesetzgeber für die Verbandsaufgaben festgelegt hat, verdienen zitiert zu werden: „Der Verband hat zur sinnvollen Gestaltung seines Bereichs durch einheitliche Planung die Entwicklung der Verbandsglieder zu fördern. Er soll die Verbandsglieder bei der Erfüllung ihrer Aufgaben im Sinne der Ziele der Raumordnung unterstützen, sie entlasten und im Rahmen seiner Aufgaben auf eine Abstimmung der Interessen hinwirken". In Niedersachsen ist als zweiter Verband 1973 — der Großraum Hannover besteht seit über 20 Jahren — der Verband *Großraum Braunschweig* getreten. Die umfassendsten Gebilde dieser Art sind der *Umlandverband Frankfurt* (seit 1974) und der *Stadtverband Saarbrücken* (seit 1974). Sie sind nicht nur als planende, ordnende oder fördernde Institutionen gedacht, sondern auch als Träger wichtiger kommunaler Einrichtungen. Wie weit eine solche gestufte örtliche Verwaltung sich auf die Kommunalpolitik der beteiligten Städte, Kreise und Gemeinden auswirkt, wird die Erfahrung zeigen müssen. Bei der allgemein sich abzeichnenden Tendenz zu stärkerer Zentralisierung können sich hier erhebliche Spannungen ergeben. Deshalb war die Gründung solcher Verbände oft eine Arbeit von vielen Jahren. Um München existieren sogar 2 Verbände, einer auf der Grundlage des Landesplanungsgesetzes, der *Regionale Planungsverband München*, und ein freiwilliger, der *Planungsverband Äußerer Wirtschaftsraum München.* Aber man hat wenigstens eine gemeinsame Geschäftsstelle!

Wie stark die Neuordnung des Umlandes der Großstädte die Politiker in den letzten Jahren beschäftigt hat, zeigt auch die Entwicklung in Rheinland-Pfalz und im süddeutschen Raum. In Baden-Württemberg sind durch Gesetz 6 Nachbarschaftsverbände als reine Planungsverbände für die Ortsplanung errichtet worden und haben seit kurzem ihre Arbeit aufgenommen. Es sind dies die Räume Heidelberg, Mannheim, Karlsruhe, Pforzheim, Reutlingen-Tübingen, Stuttgart und Ulm. In Rheinland-Pfalz sind die kommunalen Nachbarschaftsbereiche fakultativ, sie haben relativ schwache Kompetenzen und sollen zur Abstimmung gemeinsamer kommunaler Belange dienen. Um den Flickenteppich noch bunter zu machen, bestehen neben allen diesen Gebilden in den Ländern Baden-Württemberg, Bayern, Hessen und Rheinland-Pfalz Regionale Planungsverbände oder -gemeinschaften. Sie sollen, wie ihr Name besagt, die Ziele der Raumordnung der Länder, von den Behörden der Landesplanung konkretisiert, auf regionaler Ebene umsetzen. Das geschieht durch Planwerke wie Regionalpläne, die in einem schwierigen Verfahren aufgestellt und verbindlich gemacht werden. Ob solche Lösungen sich auf die Dauer als wirksam erweisen, mag bezweifelt werden. Skeptiker meinen, allein mit planerischen Kompetenzen sei wenig anzufangen. Das laufe auf eine wenig effektvolle „Planung durch Überzeugen" hinaus. Erst mit Geld, d. h. mit Investitionsmöglichkeiten beginne sich etwas zu bewegen. Und der Kritiker sagt vielleicht nicht ganz zu Unrecht, daß die regionale Ebene etwas sei, wo sich die Planeritis austobe. Nur ist die Alternative schwer zu finden.

Bleibt noch der Blick auf das Umland der Stadtstaaten Hamburg und Bremen. Sie müssen mit den Nachbarländern Staatsverträge schließen, wenn man Regelungen für gemeinsame Planung treffen will. Manches ließe sich auch durch eine vernünftige Verwaltungspraxis aller Beteiligten erreichen. Eine schwache Hoffnung bei so viel unterschiedlichen Interessen! Die Zusammenarbeit von Hamburg mit den Nachbarländern hat aber in der Vergangenheit ohne umfassende formale Regelungen recht gut funktioniert, vor allen Dingen, weil der großstädtische Partner nicht kleinlich war. Trotzdem: Am Stadtrand von Hamburg, etwa in Wedel, Pinneberg oder Norderstedt, kann man alle Probleme entdecken, die im Umland großer Städte der Lösung harren. 1937 hatte man versucht, mit dem Groß-Hamburg-Gesetz den städtischen Raum der Hansestadt neu abzugrenzen. Gegenwärtig ist eine Reform der Ländergrenzen, obwohl sie in Art. 29 des Grundgesetzes vorgesehen ist, politisch kaum denkbar. Deshalb bleiben auch Organisationen wie der die Ländergrenzen überschreitende Raumordnungsverband Rhein-Neckar für das Gebiet um Mannheim und Ludwigshafen bei aller Schwäche der Konstruktion unentbehrlich.

Das Bild der kommunalen Organisation wird durch alle diese Gebilde immer unübersichtlicher, könnte der Bürger sagen. Ein prominenter Fachmann spricht von einer „Inflation neuer Planungsräume". Das ist wohl richtig.

Aber die öffentliche Organisation soll nicht nur „transparent" sein. Sie muß nun einmal auch an die sehr unterschiedlichen Verhältnisse im größeren Raum angepaßt werden, also „flexibel" sein. Die Kompromisse zwischen diesen beiden Forderungen sind nicht immer leicht zu finden. Alle Industrienationen stehen vor den gleichen Problemen. Aber auch große Unternehmen haben keine Einheitsorganisation. So wird es immer wieder neue Versuche geben, mit Mitteln der Organisation der Dynamik der Entwicklung einigermaßen gerecht zu werden. Etwas Zurückhaltung vor der Gründerei neuer Institutionen wäre sicher vernünftig.

c) Höhere Gemeindeverbände

Der Verwaltungsraum zwischen der Ebene der Gemeinde und Kreise und der Organisation der Landesministerien war von jeher ein Feld, in dem sich staatliche Instanzen und Organisationen der kommunalen Selbstverwaltung ergänzten, z. T. sogar verknüpften, wie etwa in der preußischen Provinzialverwaltung. Die unterschiedliche Größe der Länder läßt auch hier eine einheitliche Organisation nicht zu.

Eine besondere Situation besteht in *Bayern.* Dort sind die staatlichen Regierungsbezirke territorial deckungsgleich mit kommunalen *Bezirksverbänden.* Dies sind nun wirklich „Verbände", indem ihre Vertretungskörperschaften, die Bezirkstage, nicht durch unmittelbare Volkswahl entstehen, sondern durch Delegation der Stadt- und Landkreisvertretungen. Im übrigen ist hier das an anderer Stelle geschilderte Prinzip der Kreisverwaltung gewissermaßen nach oben fortgeführt: Der Bezirksverband übernimmt Aufgaben, die die Leistungskraft der einzelnen Städte und Kreise übersteigen; da er von seinen Mitgliedern eine Umlage zur Finanzierung dieser Aufgaben erhebt, erfüllt er zugleich eine Ausgleichsfunktion.

Aufgaben dieser Art liegen z. B. auf dem Gebiet der Gesundheitsfürsorge; nur ein größeres Einzugsgebiet hat soviel Nervenleidende, die dauernder oder zeitweiliger Unterbringung bedürfen, daß eine entsprechende Anstalt rationell arbeiten kann. Ähnlich liegt es bei einer Reihe von Sonderschulen für Gehör- und Sprachgeschädigte oder für sonst körperlich oder geistig benachteiligte Kinder und Jugendliche; je mehr man solche Einrichtungen im Interesse einer wirksamen Arbeit spezialisiert, eines desto größeren Hinterlandes bedürfen sie. Andere Aufgaben der Bezirksverbände liegen in der Denkmalpflege, die oft über die finanzielle Kraft nicht nur kleiner Gemeinden geht, und in der Landschaftspflege, die oft rein territorial über Gemeinde- und Kreisgrenzen hinausreicht. Solche Aufgaben also, die über die Kraft oder über den Raum einer kommunalen Körperschaft hinausgehen, ihrem Wesen nach aber kommunalen Charakter haben, übernimmt der Staat nicht selbst, sondern überläßt sie einer zu diesem Zwecke gebildeten kommunalen Verbandskörperschaft, die mit ihren Organen (Bezirkstag mit Fachausschüssen, Bezirkstagspräsident) nach dem Modell der originalen Gemeinde- und Kreiseinrichtungen gebildet ist — mit einer Ausnahme: Der Bezirksverband hat keine eigene Verwaltung. Er hat zwar Beamte, Angestellte und Arbeiter in den erwähnten Anstalten und Arbeitsgebieten. Aber die Verwaltung, die Vorbereitung und Ausführung der von den Bezirkstagen gefaßten Beschlüsse und die Erledigung der laufenden Geschäfte liegt bei den staatlichen Regierungspräsidenten.

Es wäre nicht ganz richtig, hier eine reziproke Situation zu der beim Kreis gegebenen zu sehen, wo ja der Staat sich des leitenden Verwaltungsbeamten bedient. Der Landrat als Kommunalbeamter übt im Auftrage des Staates die Aufsicht über die Gemeinden seines Kreises aus. Der Regierungspräsident als Staatsbeamter dagegen führt die Verwaltungsgeschäfte einer kommunalen Körperschaft. Mit diesem Zustand sind nicht alle Beteiligten zufrieden. Aus den Kreisen der Bezirkstage und ihrer Präsidenten kommt des öfteren die Forderung, ihre Verwaltung solle von den Regierungspräsidenten gelöst und ihnen selbst in die Hände gegeben werden. Man fürchtet nicht nur, daß der jetzige Zustand eine gewisse staatliche Bevormundung bringen könne oder konkret bringe; man beklagt auch, daß die Regierungspräsidenten nicht genug Beamte für die Geschäfte der Bezirkstage einstellten, so daß diese gezwungen seien, auf eigene Kosten schon jetzt ergänzende Kräfte einzustellen. Es gibt aber auch in den Gemeinden Kräfte, die dem Entstehen einer kommunalen Verbandsbürokratie abgeneigt sind und deshalb entweder den jetzigen Zustand beizubehalten wünschen oder aber die Bezirkstage auflösen und ihre einzelnen Aufgaben auf dafür zu bildende individuelle Zweckverbände verteilen möchten. Ihre endgültige Form scheint diese bayerische Gestalt eines höheren Kommunalverbandes noch nicht gefunden zu haben.

Den bayerischen Bezirken ähnelt der *Bezirksverband Pfalz.* Hier wird noch einmal die frühere Zugehörigkeit der Pfalz zu Bayern deutlich.

Wie im flächengrößten Bundesland, Bayern, so bestehen auch im volksreichsten, *Nordrhein-Westfalen,* höhere Kommunalverbände, jedoch sind sie nicht gebietsgleich mit den Regierungsbezirken, sondern erheblich größer. Es gibt zwei solcher „Landschaftsverbände", je einen für Nordrhein und Westfalen-Lippe. Sie können, mit veränderten Bezeichnungen und auch nicht völlig mit den gleichen Aufgaben, doch am ehesten als Nachfolger der ehemaligen preußischen Provinzialverbände gelten, deren Tradition besonders im landschaftsbewußten Westfalen spürbar ist. Diese Verbände haben ähnliche Aufgaben wie die bayerischen Bezirksverbände, im Volumen eher größere. Insbesondere haben sie als zusätzliche Auftragsangelegenheit des Landes den Straßenbau. Sie bauen und unterhalten auf ihrem Gebiet nicht nur die Straßen des Landes, sondern auch die Bundesstraßen, insbesondere die Bundesautobahnen. Bei den Landesministerien zeigen sich immer wieder Neigungen, diese große Auftragsangelegenheit ans Land zurückzuziehen, und die Landschaftsverbände werden — wie andererseits die Regierungspräsidien — bei den Erörterungen über die Verwaltungsreform immer wieder in Frage gestellt. Die nordrhein-westfälischen Landschaftsverbände brauchen angesichts ihrer Aufgaben einen bedeutenden Fach- und Verwaltungsapparat mit dem Direktor des Landschaftsverbandes als Verwaltungschef. Die Landschaftsversammlung ist auch hier dem im Lande geltenden Gemeindeverfassungsrecht nachgebildet; sie besteht verbandsmäßig aus Vertretern der Mitgliedstädte und -kreise.

Nur mit Vorbehalt kann mit diesen höheren Kommunalverbänden der *Hessische Landeswohlfahrtsverband* verglichen werden. Er ist, wie der Name besagt, auf die überörtlichen Wohlfahrtsaufgaben beschränkt; sein Gebiet deckt sich mit dem des Landes. Seine Aufgaben bleiben hinter denen der bayerischen Bezirkstage, insbesondere hinter denen der nordrhein-westfälischen Landesverbände erheblich zurück.

Gleiches gilt von den *baden-württembergischen Landeswohlfahrtsverbänden.* Auf die Kulturpflege beschränken sich die *Oldenburgische* und die *Ostfriesische Landschaft,* weit in die Geschichte der deutschen Stämme ragende Institutionen. Ein Kuriosum: Das Bundesland Hansestadt *Bremen* mit seinen 2 Stadtgemeinden Bremen und Bremerhaven ist zugleich höherer Gemeindeverband, jedoch haben die Bremer klugerweise darauf verzichtet, auf ihrem Territorium auch noch eine dritte Organisation einzurichten.

d) Spitzenverbände

Als sich die großen wirtschaftlichen Interessen der Industrie, der Landwirtschaft usw. in machtvollen Verbänden organisierten, ergab sich die Notwendigkeit, auch das gebündelte bürgerschaftliche Interesse in Staat und Öffentlichkeit sichtbar zu machen. In den letzten Jahrzehnten des 19. Jahrhunderts entstanden in den einzelnen Bundesstaaten des Deutschen Reiches, nach der Jahrhundertwende dann auch für das Reich insgesamt, „Kommunale Spitzenverbände". Nachdem sie in der Zeit des Nationalsozialismus zwangsweise zu einem Einheitsverband zusammengeschlossen waren, haben sie sich in der Nachkriegszeit alsbald neu gebildet. So bestehen jetzt

der *Deutsche Städte- und Gemeindebund* als Organisation der kreisangehörigen Gemeinden und eines Teils der kreisangehörigen Städte,
der *Deutsche Städtetag* für die kreisfreien Städte (einschließlich der Stadtstaaten) und einen weiteren Teil der kreisangehörigen Städte,
der *Deutsche Landkreistag* als Verband der Landkreise.

Sie alle haben entsprechende Verbände in den einzelnen Bundesländern. Sie bilden gemeinsam die „Bundesvereinigung der kommunalen Spitzenverbände", deren Vorsitz wechselt, während die Federführung beim Deutschen Städtetag liegt. Mit Ausnahme von Bayern, wo sie den Charakter von Körperschaften des öffentlichen Rechts haben, bedienen sie sich der bescheidenen Rechtsform privater Vereine und legen im allgemeinen auch Wert darauf, um ihre volle Unabhängigkeit vom Staate zu dokumentieren.

Die kommunalen Spitzenverbände haben drei Aufgabengebiete:

1. Sie vertreten die gemeinsamen Interessen ihrer Mitglieder gegenüber den staatlichen Stellen, Parlament und Regierung, gegenüber anderen Verbänden, etwa denen der Wirtschaft, und gegenüber der Öffentlichkeit, im besonderen auch der Presse. Diese gemeinsamen Interessen müssen naturgemäß manchmal erst herausgearbeitet und abgeklärt werden. In Fragen des Finanzausgleichs z. B. können die Interessen einer Industriestadt und einer Wohnstadt unterschiedlich liegen. Die kommunalen Spitzenverbände verstehen sich nicht als Interessenverbände im Sinne einer „Lobby", eben weil sie keine Spezialinteressen zu vertreten haben, sondern die vielen Interessen, die in der Gesamtheit der Gemeinden und ihrer Bürger oft im Streit sind, zu einem Ausgleich bringen müssen.

2. Die kommunalen Spitzenverbände bewirken einen Erfahrungsaustausch zwischen ihren Mitgliedern. Dazu dienen insbesondere Fachausschüsse auf den verschiedenen Arbeitsgebieten der Gemeinden, außerdem Fachtagungen und Publikationen.

3. Die kommunalen Spitzenverbände beraten auf Grund ihres Überblicks und des bei ihnen sich sammelnden Mate-

rials ihre Mitglieder auch in Einzelfällen. Sie bilden damit eine gewisse Ergänzung zu der beratenden Tätigkeit der Kommunalaufsicht. Einer der oben zitierten Bürgermeister sagte, wenn es sich um Angelegenheiten von allgemeinem Interesse handele, wende man sich an den Spitzenverband, „handelt es sich um die rein fachliche Beratung, dann halte ich die Kommunalaufsichtsbehörde für die kompetentere Beratungsstelle". Ein anderer hatte die Frage ähnlich beantwortet, aber hinzugefügt, daß er sich an den Spitzenverband auch wende, „wenn die Kommunalaufsichtsbehörde nicht in der Lage ist, einen Rat zu erteilen"[61]).

Politisches Gewicht haben die kommunalen Spitzenverbände auch deshalb erhalten, weil die Gemeinden im neueren deutschen Verfassungsrecht etwas stiefmütterlich behandelt worden sind, insbesondere was ihre Beziehungen zum Bund angeht. Im Gegensatz zu früheren Zeiten (Vertretung im Preußischen Herrenhaus und später im Preußischen Staatsrat) und zu Teilen des Auslandes (z. B. Schweden) sind sie nicht unmittelbar an der Bildung staatlicher Organe beteiligt (mit Ausnahme der Vertretung in dem — nicht beschließenden, sondern beratenden — Bayerischen Senat). Das entspricht der gesellschaftlichen Wirklichkeit nicht, insbesondere nicht der Tatsache, daß die Gemeinden an der Gesetzgebung des Bundes verschiedentlich interessiert sind (z. B. in Fragen der Realsteuern) und daß sie auch Bundesaufträge auszuführen haben (z. B. beim zivilen Bevölkerungsschutz). „Der föderative Aufbau von Verfassung und Verwaltung sieht sich einer wesentlich homogenen, also zentralistisch strukturierten Gesellschaft gegenüber. Angesichts dieses Widerspruchs zur Realität kann das föderative System sich nur dadurch behaupten, daß es diesen Widerspruch durch paralegalitäre Aushilfen mindert." Forsthoff, der dies feststellt, fährt fort, die kommunalen Spitzenverbände leisteten „einen unentbehrlichen Beitrag nicht nur für die angemessene Berücksichtigung der Belange der Gemeinden in Gesetzgebung und Verwaltung, sondern auch für das Funktionieren des föderativen Systems"[62]). So war

[61]) Glass, S. 118, 131.
[62]) Forsthoff, Verwaltungsrecht, S. 587/88.

es folgerichtig, daß seit 1975 den kommunalen Spitzenverbänden durch die Gemeinsame Geschäftsordnung der Bundesministerien ein förmliches Mitwirkungsrecht bei der Vorbereitung von Gesetzen und Verordnungen des Bundes eingeräumt wurde, übrigens eine Regelung, die in den Bundesländern schon länger praktiziert wurde. Der Aufbau der kommunalen Spitzenverbände bis auf die „Bundesebene" hinauf hat also nicht den Charakter einer politischen Absage an den Föderalismus; diese Frage würde von den Gemeinden insgesamt zweifellos nicht einheitlich beantwortet werden. In gewissem Sinne steht sogar das Prinzip der kommunalen Selbstverwaltung auf demselben Grunde wie der staatliche Föderalismus und die gesellschaftliche Subsidiarität.

Die Arbeit der kommunalen Spitzenverbände wird ergänzt durch eine ganze Reihe von Fachorganisationen und anderen Stellen. So haben sie nicht als „Sozialpartner" zu wirken, sie sind nicht „tariffähig". Die Lohn- und Gehaltsverhandlungen mit den kommunalen Arbeitern und Angestellten werden vielmehr von besonderen kommunalen Arbeitgeberverbänden geführt, die in einer „Vereinigung der kommunalen Arbeitgeberverbände" (VKA) zusammengefaßt sind; dem Zeitungsleser mag gelegentlich auffallen, daß bei Verhandlungen über Lohnfragen im öffentlichen Dienst das Bundesministerium des Innern, die „Tarifgemeinschaft deutscher Länder" und die VKA gemeinsam auftreten. Seit Jahrzehnten gibt es den Deutschen Sparkassen- und Giroverband, nach dem Zweiten Weltkriege ist ein „Verband kommunaler Unternehmen" entstanden. Weitere Fachverbände bestehen auf verschiedenen Gebieten, z. B. auf so unterschiedlichen wie dem Stadtreinigungswesen und den Büchereien. In der Wirtschaftskrise am Ende der Weimarer Zeit gründete der Deutsche Städtetag eine Prüfungs- und Beratungsstelle für die kommunale Wirtschaft und Verwaltung, die heute als „WIBERA Wirtschaftsberatungs AG" für Pflichtprüfungen der kommunalen Wirtschaftsunternehmen sowie zur Beratung der kommunalen Verwaltungen und Betriebe in allen Fragen der Wirtschaftlichkeit, Rationalisierung und technischen Organisation zur Verfügung steht. Sie verfügt über ca. 600 Mitarbeiter und ist auch im Auftrage von Bund, Ländern und Körperschaften tätig. Nach dem Zweiten Weltkriege ist aus ihr die „Kommunale Gemeinschaftsstelle für Verwaltungsvereinfachung" (KGSt) hervorgegangen, die weniger durch Einzelberatung als durch Grundsatzgutachten tätig wird und sich auch im staatlichen Bereich Ansehen erworben hat. Als Verein zählt sie nahezu alle größeren Städte und Gemeinden, dazu zahlreiche Kreise zu ihren Mitgliedern. Auch in der Stadtforschung verfügen die kommunalen Gebietskörperschaften im „Deutschen Institut für Urbanistik" (DIFU) in Berlin seit einigen Jahren über ihr eigenes Forschungsinstitut.

Dieses reich gegliederte kommunale Verbandswesen würde an der einen oder anderen Stelle wohl einer Vereinfachung fähig sein. Die Zusammenfassung aller unterschiedlichen Interessen und Funktionen in einem Einheitsverband, wie ihn sich unter anderen staatlichen Voraussetzungen die kleineren Niederlande leisten können, könnte aber zu einer unbeweglichen Mammutorganisation führen[63]).

[63]) Zum kommunalen Verbandswesen Einzelheiten bei Ziebill, Geschichte, S. 282 ff.

V. Nachwort

Als im Jahre 1831 die sterblichen Überreste des Freiherrn vom Stein aus Westfalen in die nassauische Heimat gebracht wurden, hat von Bonn aus der Professor Ernst Moritz Arndt dem alten Chef und Freund rheinaufwärts ein Stück Weges das Geleit gegeben. Indem er es berichtet, fügt er hinzu: „Mögen alle Deutschen nicht seiner Leiche, sondern seinem Geiste nachfolgen!" Diese Mahnung gilt auch einer Zeit, der aufgegeben scheint, so viel vom Erbe des Gründers der modernen Selbstverwaltung zu opfern. Die Selbstverwaltung kann nicht zu Stein zurück. Sie kann es schon deshalb nicht, weil die Reform Steins selbst bereits auf überholten geistigen und soziologischen Voraussetzungen beruhte, obwohl sie — z. B. im Wahlrecht — ihrer Zeit weit vorausgriff. Sie wollte doch eine Selbstverwaltung der Besitzenden, sei dieser Kreis auch noch so großzügig abgegrenzt worden. Auch mit seinem ungewöhnlichen Mut zur Zukunft blieb der Reichsfreiherr ein Mann seiner Zeit und seines Standes. Wie er unterliegen wir den Bindungen unserer Zeit und unserer geschichtlichen Herkunft. Und wie er brauchen wir den Mut, in einer Epoche tiefer Erschütterungen nach vorwärts aufzubrechen und auch einmal ein Stück Gepäck hinter uns zu werfen. Abgrenzungen und Formen der bürgerschaftlichen Selbstverwaltung werden sich ändern, so wie Stein sie zu seiner Zeit nicht auf der Erneuerung des Zunftwesens aufgebaut hat. Der Geist muß seine Chance haben: der Geist freiwilliger Verantwortung. Die Bereitschaft, ihr Raum zu geben, muß der Staat sich bewahren. Die Unruhe, die durch die Welt geht, auch durch Deutschland, ist nicht zuletzt ein, sei es auch noch unartikulierter Ruf nach Mitverantwortung und Mitwirkung. Die künftige Selbstverwaltung, zu der wir uns erst hinentwickeln, wird insgesamt ein ebenso kompliziertes Gebilde sein wie unser gesellschaftliches System überhaupt. An dem Mut, Kräfte zu bewahren, aber Formen zu ändern, werden wir die Nachfolger Steins erkennen, die seinem Geiste, nicht seiner Leiche folgen.

VI. Anhang

Die folgende Zusammenstellung soll an Beispielen eine Vorstellung von den rechtlichen Bestimmungen geben, die der Arbeit der Gemeinden zugrunde liegen. Dabei handelt es sich einerseits um staatliche Gesetze, andererseits um das Recht, das die Gemeinde sich selbst gibt (Satzungen). Dadurch wird nicht nur der formale Ablauf der gemeindlichen Arbeit deutlich, sondern auch die grundlegende Tatsache, daß der Rat der Gemeinde eine Doppelfunktion hat: er ist „Parlament“, das örtliche Gesetze (Satzungen) beschließen kann; und er hat im Gegensatz zu einem staatlichen Parlament Verwaltungsaufgaben, z. B. den Vollzug des Haushaltsplanes durch Freigabe der darin für Einzelzwecke vorgesehenen Mittel, Anstellung von Beamten, Entscheidung über Grundstücksfragen u. a. m.

Alle Bundesländer haben die Grundlagen des Gemeinderechtes in Gesetzen geordnet, die man unter der Bezeichnung „Gemeindeordnungen[64]) zusammenfaßt. (Auch die Stadtstaaten haben Bestimmungen über den kommunalen Teil ihrer Aufgaben getroffen.) Diese Gemeindeordnungen stimmen in manchen Teilen weitgehend überein, z. B. hinsichtlich der Aufgaben und der Rechte der Gemeinde im Verhältnis zum Staat, hinsichtlich ihres wirtschaftlichen Gebarens u. a. m. Sie unterscheiden sich z. T. recht erheblich bei der „inneren Gemeindeverfassung“, die Konstruktion und Rechtsverhältnisse der Gemeindeorgane (Gemeinderat, Bürgermeister) regelt. Die Zusammenstellung bietet eine Auswahl von Bestimmungen aus den Gemeindeordnungen verschiedener Länder. Im allgemeinen ist zu jeder Frage nur ein Beispiel aus einem Lande gewählt. Nur zur inneren Gemeindeverfassung werden mehrere Beispiele nebeneinander gestellt. — Die Gemeindeordnungen als die „Grundgesetze“ der Selbstverwaltung (in den Flächenstaaten gibt es entsprechende Kreisordnungen für die Landkreise) werden ergänzt durch Gesetze, die einzelne Fragen regeln, z. B. Gemeindewahlgesetze und Haushaltsordnungen, von denen hier abgesehen ist.

Ebenfalls nur auszugsweise und als Beispiel wird die Hauptsatzung (gewissermaßen die Verfassung) einer Stadt gebracht. Alljährlich verabschiedet der Gemeinderat als wichtigste Satzung den Haushalt, der sich schon seines Umfanges wegen einem Abdruck an dieser Stelle entzieht, über den aber im Text (S. 103 ff.) Grundsätzliches gesagt ist.

[64]) Wortlaut: Deutsche GOen.

Aus dem Grundgesetz der Bundesrepublik Deutschland

Artikel 28

(1) ... In den Ländern, Kreisen und Gemeinden muß das Volk eine Vertretung haben, die aus allgemeinen unmittelbaren, freien, gleichen und geheimen Wahlen hervorgegangen ist. In den Gemeinden kann an die Stelle einer gewählten Körperschaft die Gemeindeversammlung treten.

(2) Den Gemeinden muß das Recht gewährleistet sein, alle Angelegenheiten der örtlichen Gemeinschaft im Rahmen der Gesetze in eigener Verantwortung zu regeln. Auch die Gemeindeverbände haben im Rahmen ihres gesetzlichen Aufgabenbereiches nach Maßgabe der Gesetze das Recht der Selbstverwaltung.

(3) ...

Artikel 106

(1—4)

(5) ... Die Gemeinden erhalten einen Anteil an dem Aufkommen der Einkommensteuer, der von den Ländern an ihre Gemeinden auf der Grundlage der Einkommensteuerleistungen ihrer Einwohner weiterzuleiten ist. Das Nähere bestimmt ein Bundesgesetz, das der Zustimmung des Bundesrates bedarf. Es kann bestimmen, daß die Gemeinden Hebesätze für den Gemeindeanteil festsetzen.

(6) Das Aufkommen der Realsteuern steht den Gemeinden, das Aufkommen der örtlichen Verbrauch- und Aufwandsteuern steht den Gemeinden oder nach Maßgabe der Landesgesetzgebung den Gemeindeverbänden zu. Den Gemeinden ist das Recht einzuräumen, die Hebesätze der Realsteuern im Rahmen der Gesetze festzusetzen. Bestehen in einem Land keine Gemeinden, so steht das Aufkommen der Realsteuern und der örtlichen Verbrauch- und Aufwandsteuern dem Land zu. Bund und Länder können durch eine Umlage an dem Aufkommen der Gewerbesteuer beteiligt werden. Das Nähere über die Umlage bestimmt ein Bundesgesetz, das der Zustimmung des Bundesrates bedarf ...

(7—9)

Aus verschiedenen Gemeindeordnungen

Der Begriff der Gemeinde

Aus dem Saarländischen Gesetz über die Selbstverwaltung der Gemeinden, Ämter und Landkreise (Kommunalselbstverwaltungsgesetz)

§ 1 Wesen der Gemeinden

(1) Die Gemeinden sind die in den Staat eingeordneten Gemeinwesen der in örtlicher Gemeinschaft lebenden Menschen. Sie regeln alle Angelegenheiten der örtlichen Gemeinschaft im Rahmen der Gesetze durch die von der Bürgerschaft gewählten Organe in eigener Verantwortung.

(2) Die Gemeinden sind Gebietskörperschaften.

Aus der Gemeindeordnung für Baden-Württemberg

§ 1 Begriff der Gemeinde

(1) Die Gemeinde ist Grundlage und Glied des demokratischen Staates.

(2) Die Gemeinde fördert in bürgerschaftlicher Selbstverwaltung das gemeinsame Wohl ihrer Einwohner und erfüllt die ihr von Land und Bund zugewiesenen Aufgaben.

(3) Die verantwortliche Teilnahme an der bürgerschaftlichen Verwaltung der Gemeinde ist Recht und Pflicht des Bürgers.

(4) Die Gemeinde ist Gebietskörperschaft.

Aus der Gemeindeordnung für den Freistaat Bayern

Artikel 1 Begriff

Die Gemeinden sind ursprüngliche Gebietskörperschaften mit dem Recht, die örtlichen Angelegenheiten im Rahmen der Gesetze zu ordnen und zu verwalten. Sie bilden die Grundlagen des Staates und des demokratischen Lebens.

Aufgaben der Gemeinde

Aus der Niedersächsischen Gemeindeordnung

§ 2 Aufgaben der Gemeinden

(1) Die Gemeinden sind in ihrem Gebiet die ausschließlichen Träger der gesamten öffentlichen Aufgaben, soweit die Gesetze nicht ausdrücklich etwas anderes bestimmen. Sie stellen in den Grenzen ihrer Leistungsfähigkeit die für ihre Einwohner erforderlichen sozialen, kulturellen und wirtschaftlichen öffentlichen Einrichtungen bereit.

(2) Sonderverwaltungen sollen neben der Gemeindeverwaltung grundsätzlich nicht bestehen. Bestehende Sonderverwaltungen sind möglichst in die Gemeindeverwaltung zu überführen.

§ 4 Eigener Wirkungskreis

(1) Zum eigenen Wirkungskreis gehören alle Angelegenheiten der örtlichen Gemeinschaft sowie die Aufgaben, die den Gemein-

den durch Gesetz oder sonstige Rechtsvorschrift als eigene zugewiesen sind. Neue Pflichten können den Gemeinden nur durch Gesetz auferlegt werden; dabei ist gleichzeitig die Aufbringung der Mittel sicherzustellen.

(2) In die Rechte der Gemeinden kann nur auf Grund eines Gesetzes eingegriffen werden ...

(3) Im eigenen Wirkungskreis sind die Gemeinden nur an die Gesetze und sonstigen Rechtsvorschriften gebunden.

§ 5 Übertragener Wirkungskreis

(1) Den Gemeinden können durch Gesetz staatliche Aufgaben zur Erfüllung nach Weisung übertragen werden (Aufgaben des übertragenen Wirkungskreises); dabei sind die erforderlichen Mittel zur Verfügung zu stellen.

(2—5)

Satzungsgewalt

Aus der Gemeindeordnung für das Land Nordrhein-Westfalen

§ 4 Satzungen

(1) Die Gemeinden können ihre Angelegenheiten durch Satzungen regeln, soweit die Gesetze nicht etwas anderes bestimmen. Satzungen bedürfen der Genehmigung der Aufsichtsbehörde nur, soweit sie sich rückwirkende Kraft beilegen oder eine Genehmigung gesetzlich vorgeschrieben ist.

(2) Jede Gemeinde hat eine Hauptsatzung zu erlassen. In ihr ist mindestens zu ordnen, was nach den Vorschriften dieses Gesetzes der Hauptsatzung vorbehalten ist.

(3) Die Gemeinden können die auf Grund gesetzlicher Ermächtigung in ihren Satzungen ausgesprochenen Verpflichtungen im Zwangswege durchsetzen. Zu diesem Zweck kann in den Satzungen für jeden Fall der Zuwiderhandlung Zwangsgeld bis zur Höhe von fünfhundert Deutsche Mark angedroht werden ...

(4) Satzungen sind öffentlich bekanntzumachen ...

Gemeindegebiet, Einwohner, Bürger

Aus dem Selbstverwaltungsgesetz für Rheinland-Pfalz

§ 9 Gemeindegebiet

(1) ... Jedes Grundstück soll zu einer Gemeinde gehören. Aus besonderen Gründen können Grundstücke außerhalb einer Gemeinde verbleiben ...

(2) (betr. Grenzstreitigkeiten).

§ 14 Einwohner
Einwohner der Gemeinde ist, wer in der Gemeinde wohnt.

§ 16 Bürger
(1) Bürger der Gemeinde sind alle Einwohner, die Deutsche im Sinne des Artikels 116 des Grundgesetzes sind, das 21. Lebensjahr vollendet haben und wenigstens ein halbes Jahr in der Gemeinde wohnen ...
(2)

§ 18 Rechte der Bürger
Die Bürger der Gemeinde besitzen das aktive und passive Wahlrecht zur Gemeindevertretung nach Maßgabe des Kommunalwahlgesetzes.

§ 19 Ehrenamtliche Tätigkeit und Ehrenamt
(1) Die Einwohner, die das 18. Lebensjahr vollendet haben, und die Bürger sind zur Übernahme einer vorübergehenden ehrenamtlichen Tätigkeit verpflichtet.
(2) Die Bürger sind zur Übernahme eines gemeindlichen Ehrenamtes verpflichtet. Das gilt nicht für die Ämter des Bürgermeisters, der Beigeordneten und der Ratsmitglieder.
(3)

Einrichtungen der Gemeinde

Aus der Gemeindeordnung für das Land Nordrhein-Westfalen

§ 18 Gemeindliche Einrichtungen und Lasten
(1) Die Gemeinden schaffen innerhalb der Grenzen ihrer Leistungsfähigkeit die für die wirtschaftliche, soziale und kulturelle Betreuung ihrer Einwohner erforderlichen öffentlichen Einrichtungen.
(2) Alle Einwohner einer Gemeinde sind im Rahmen des geltenden Rechts berechtigt, die öffentlichen Einrichtungen der Gemeinde zu benutzen, und verpflichtet, die Lasten zu tragen, die sich aus ihrer Zugehörigkeit zu der Gemeinde ergeben.
(3, 4)

§ 19 Anschluß- und Benutzungszwang
(1) Die Gemeinden können bei dringendem öffentlichen Bedürfnis durch Satzung mit Genehmigung der Aufsichtsbehörde für die Grundstücke ihres Gebiets den Anschluß an Wasserleitung, Kanalisation, Müllabfuhr, Straßenreinigung und ähn-

liche der Volksgesundheit dienende Einrichtungen (Anschlußzwang) und die Benutzung dieser Einrichtungen und der Schlachthöfe (Benutzungszwang) vorschreiben. Die Satzung kann Ausnahmen vom Anschluß- und Benutzungszwang zulassen. Sie kann den Zwang auf bestimmte Teile des Gemeindegebiets und auf bestimmte Gruppen von Grundstücken oder Personen beschränken.

(2)

Verfassung und Verwaltung

Aus der Gemeindeordnung für das Land Nordrhein-Westfalen

§ 27 Träger der Gemeindeverwaltung

(1) Die Verwaltung der Gemeinde wird ausschließlich durch den Willen der Bürgerschaft bestimmt.

(2) Die Bürgerschaft wird durch den Rat vertreten. Der Rat besteht aus den von der Bürgerschaft gewählten Ratsmitgliedern.

(3) Der Vorsitz des Rates sowie die Vertretung des Rates nach außen liegen bei dem vom Rat aus seiner Mitte gewählten Bürgermeister (in kreisfreien Städten: Oberbürgermeister).

§ 28 Zuständigkeiten des Rates

(1) Der Rat der Gemeinde ist für alle Angelegenheiten der Gemeinde zuständig, soweit dieses Gesetz nichts anderes bestimmt. Die Entscheidung über folgende Angelegenheiten kann der Rat nicht übertragen:

(Es folgt eine von a bis u reichende Liste; vgl. dazu die aus der Hauptsatzung der Stadt Mannheim gegebenen Beispiele.)

(2) Im übrigen kann der Rat die Entscheidung über bestimmte Angelegenheiten auf Ausschüsse oder den Gemeindedirektor übertragen. Er kann ferner Ausschüsse ermächtigen, in Angelegenheiten ihres Aufgabenbereichs die Entscheidung dem Gemeindedirektor zu übertragen.

(3) Einfache Geschäfte der laufenden Verwaltung gelten im Namen des Rats als auf den Gemeindedirektor übertragen, soweit nicht der Rat sich oder einem Ausschuß für einen bestimmten Kreis von Geschäften oder für einen Einzelfall die Entscheidung vorbehält.

Beispiele unterschiedlicher innerer Gemeindeverfassungen

1. Aus der Gemeindeordnung für den Freistaat Bayern (Süddeutsche Ratsverfassung)

Artikel 29 Hauptorgane

Die Gemeinde wird durch den Gemeinderat verwaltet, soweit nicht der Erste Bürgermeister selbständig entscheidet ...

Artikel 30 Rechtsstellung, Aufgaben des Gemeinderats

(1) Der Gemeinderat ist die Vertretung der Gemeindebürger ...

(2) Der Gemeinderat entscheidet im Rahmen des Art. 29 über alle Angelegenheiten, für die nicht beschließende Ausschüsse ... bestellt sind.

(3) Der Gemeinderat überwacht die gesamte Gemeindeverwaltung, insbesondere auch die Ausführung seiner Beschlüsse.

Artikel 31 Zusammensetzung des Gemeinderats

(1) Der Gemeinderat besteht aus dem Ersten Bürgermeister und den Gemeinderatsmitgliedern.

(2) Die Gemeinderatsmitglieder werden in ehrenamtlicher Eigenschaft auf die Dauer von sechs Jahren berufen ... (Folgen Zahlen für die Größe der Räte in den einzelnen Gemeindegrößengruppen.)

(3) Ehegatten, Eltern und Kinder sowie Geschwister dürfen nicht gleichzeitig dem Gemeinderat angehören ...

(4) Beamte und Angestellte der Gemeinde können nicht ehrenamtliche Bürgermeister oder ehrenamtliche Gemeinderatsmitglieder in der gleichen Gemeinde sein ...

(5)

Artikel 31 Rechtsstellung des Ersten Bürgermeisters

(1) Der Erste Bürgermeister ist Beamter der Gemeinde. In kreisfreien Gemeinden und in Großen Kreisstädten führt er die Bezeichnung Oberbürgermeister. In diesen Gemeinden und in kreisangehörigen Gemeinden mit mehr als 5000 Einwohnern ist der Erste Bürgermeister Beamter auf Zeit (berufsmäßiger Bürgermeister).

(2—7)

Artikel 35 Rechtsstellung der weiteren Bürgermeister

(1) Der Gemeinderat wählt aus seiner Mitte für die Dauer seiner Wahlzeit einen oder zwei weitere Bürgermeister. Weitere Bürgermeister sind Ehrenbeamte der Gemeinde (ehrenamtliche weitere Bürgermeister), wenn nicht der Gemeinderat durch Satzung bestimmt, daß sie Beamte auf Zeit sein sollen (berufsmäßige weitere Bürgermeister).

(2—4)

Artikel 36 Vollzug der Beschlüsse des Gemeinderats

Der Erste Bürgermeister führt den Vorsitz im Gemeinderat und vollzieht seine Beschlüsse. Soweit er persönlich beteiligt ist, handelt sein Vertreter.

Artikel 40 (Berufsmäßige Gemeinderatsmitglieder)

In Gemeinden mit mehr als 10 000 Einwohnern kann der Gemeinderat berufsmäßige Gemeinderatsmitglieder wählen. Sie haben in den Sitzungen des Gemeinderats und seiner Ausschüsse in Angelegenheiten ihres Aufgabengebietes beratende Stimme.

2. Aus der Hessischen Gemeindeordnung (Beispiel für eine Magistratsverfassung, obwohl dieser Ausdruck in Hessen nicht mehr benutzt wird)

§ 49 Zusammensetzung und Bezeichnung (der Gemeindevertretung)

Die Gemeindevertretung besteht aus den Gemeindevertretern. In den Städten führen die Gemeindevertreter die Bezeichnung Stadtverordnete, der Vorsitzende der Gemeindevertretung die Bezeichnung Stadtverordnetenvorsteher.

§ 50 Aufgaben (der Gemeindevertretung)

(1) Die Gemeindevertretung beschließt über die Angelegenheiten der Gemeinde, soweit sich aus diesem Gesetz nichts anderes ergibt. Sie kann die Beschlußfassung über bestimmte Angelegenheiten oder bestimmte Arten von Angelegenheiten auf den Gemeindevorstand oder einen Ausschuß übertragen ...

(2) Der Gemeindevorstand überwacht die gesamte Verwaltung der Gemeinde und die Geschäftsführung des Gemeindevorstandes, insbesondere die Verwendung der Gemeindeeinnahmen ...

(3) Der Gemeindevorstand hat die Gemeindevertretung über die wichtigen Verwaltungsangelegenheiten laufend zu unterrichten ...

§ 65 Zusammensetzung (des Gemeindevorstands)

(1) Der Gemeindevorstand besteht aus dem Bürgermeister als Vorsitzenden, dem Ersten und weiteren Beigeordneten.

(2) Die Mitglieder des Gemeindevorstands dürfen nicht gleichzeitig Gemeindevertreter sein ...

§ 66 Aufgaben des Gemeindevorstands

(1) Der Gemeindevorstand ist die Verwaltungsbehörde der Gemeinde. Er besorgt nach den Beschlüssen der Gemeindever-

tretung im Rahmen der bereitgestellten Mittel die laufende Verwaltung der Gemeinde ...

(2) Der Gemeindevorstand hat die Bürger in geeigneter Weise, insbesondere durch öffentliche Rechenschaftsberichte, über wichtige Fragen der Gemeindeverwaltung zu unterrichten und das Interesse der Bürger an der Selbstverwaltung zu pflegen.

§ 72 Kommissionen

(1) Der Gemeindevorstand kann zur dauernden Verwaltung oder Beaufsichtigung einzelner Geschäftszweige sowie zur Erledigung vorübergehender Aufträge Kommissionen bilden, die ihm unterstehen.

(2) Die Kommissionen bestehen aus dem Bürgermeister, weiteren Mitgliedern des Gemeindevorstandes, Mitgliedern der Gemeindevertretung und, falls dies tunlich erscheint, aus sachkundigen Bürgern ...

(3, 4)

§ 73 Personalangelegenheiten

(1) Der Magistrat stellt die Gemeindebediensteten an, er befördert und entläßt sie ...

(2) Der Bürgermeister ist Dienstvorgesetzter aller Beamten, Angestellten und Arbeiter der Gemeinde mit Ausnahme der Beigeordneten ...

3. Aus der Gemeindeordnung für das Land Nordrhein-Westfalen (Norddeutsche Ratsverfassung)

§ 27

(1) Die Verwaltung der Gemeinde wird ausschließlich durch den Willen der Bürgerschaft bestimmt.

(2) Die Bürgerschaft wird durch den Rat vertreten. Der Rat besteht aus den von der Bürgerschaft gewählten Ratsmitgliedern. Der Vorsitz im Rat sowie die Vertretung des Rates nach außen liegen bei dem vom Rat aus seiner Mitte gewählten Bürgermeister (in kreisfreien Städten: Oberbürgermeister).

§ 38 Behandlung der Ratsbeschlüsse durch den Bürgermeister

(1) Der Bürgermeister leitet die Beschlüsse des Rates dem Gemeindedirektor zu.

(2) Beschlüsse, die

a) die Durchführung der Geschäftsordnung,
b) die Geltendmachung von Ansprüchen der Gemeinde gegen den Gemeindedirektor,

c) die Amtsführung des Gemeindedirektors
betreffen, führt der Bürgermeister aus.

§ 47 Aufgaben und Stellung des Gemeindedirektors

(1) Der Gemeindedirektor bereitet die Beschlüsse des Rates vor. Er führt diese Beschlüsse sowie Weisungen, welche die Landesregierung bei Pflichtaufgaben erteilt, unter der Kontrolle des Rates und in Verantwortung ihm gegenüber durch. Der Gemeindedirektor entscheidet ferner in den Angelegenheiten, die ihm vom Rat oder von den Ausschüssen zur Entscheidung übertragen sind.

(2) Der Gemeindedirektor hat den Bürgermeister über alle wichtigen Gemeindeangelegenheiten zu unterrichten.

(3)

(4) Der Gemeindedirektor führt in kreisangehörigen Städten die Bezeichnung Stadtdirektor, in kreisfreien Städten Oberstadtdirektor.

§ 48 Teilnahme an Sitzungen

(1) Der Gemeindedirektor und die Beigeordneten nehmen an den Sitzungen des Rates teil. Der Gemeindedirektor ist berechtigt und auf Verlangen von einem Fünftel der Ratsmitglieder verpflichtet, seine Ansicht zu einem Punkt der Tagesordnung vor dem Rat darzulegen. Auch Beigeordnete sind hierzu verpflichtet, falls es der Rat oder der Gemeindedirektor verlangt.

(2)

§ 49 Wahl des Gemeindedirektors und der Beigeordneten

(1) Der Gemeindedirektor und die Beigeordneten, deren Zahl durch die Hauptsatzung festgelegt wird, werden vom Rat gewählt. Soweit sie hauptamtlich tätig sind, müssen sie die für ihr Amt erforderlichen fachlichen Voraussetzungen erfüllen und eine ausreichende Erfahrung für dieses Amt nachweisen. In kreisfreien Städten muß der Gemeindedirektor oder ein Beigeordneter die Befähigung zum Richteramt oder zum höheren Verwaltungsdienst besitzen . . .

(2, 3)

§ 52 Beratung mit den Beigeordneten

Der Gemeindedirektor ist verpflichtet, zur Erhaltung der Einheitlichkeit der Verwaltungsführung regelmäßig gemeinsame Beratungen mit den Beigeordneten abzuhalten. Bei Meinungsverschiedenheiten entscheidet der Gemeindedirektor. Die Beigeordneten sind berechtigt, ihre abweichenden Meinungen in Angelegenheiten ihres Geschäftsbereichs dem Hauptausschuß vorzutragen.

Gemeindewirtschaft

Aus der Gemeindeordnung für Schleswig-Holstein

§ 76 Vermögensverwaltung

(1) Das Gemeindevermögen ist pfleglich und wirtschaftlich zu verwalten. Mit möglichst wenig Kosten soll es den bestmöglichen Ertrag bringen.

(2) Das Gemeindevermögen ist aus den Mitteln des ordentlichen Haushalts zu unterhalten.

(3)

§ 101 Wirtschaftliche Unternehmen

(1) Die Gemeinde darf wirtschaftliche Unternehmen errichten, übernehmen oder wesentlich erweitern, wenn

a) der öffentliche Zweck das Unternehmen rechtfertigt und
b) das Unternehmen nach Art und Umfang in einem angemessenen Verhältnis zu der Leistungsfähigkeit der Gemeinde und zum voraussichtlichen Bedarf steht.

(2, 3, 4)

Haushalt

Aus der Gemeindeordnung für Baden-Württemberg

§ 79 Haushaltssatzung

(1) Die Gemeinde hat für jedes Haushaltsjahr eine Haushaltssatzung zu erlassen. Die Haushaltssatzung kann für zwei Haushaltsjahre, nach Jahren getrennt, erlassen werden.

(2) Die Haushaltssatzung enthält die Festsetzung

1. des Haushaltsplans unter Angabe des Gesamtbetrags
   a) der Einnahmen und der Ausgaben des Haushaltsjahres,
   b) der vorgesehenen Kreditaufnahmen (Kreditermächtigung),
   c) der vorgesehenen Ermächtigungen zum Eingehen von Verpflichtungen, die künftige Haushaltsjahre mit Ausgaben für Investitionen und Investitionsförderungsmaßnahmen belasten (Verpflichtungsermächtigungen),
2. des Höchstbetrags der Kassenkredite,
3. der Steuersätze, die für jedes Haushaltsjahr neu festzusetzen sind.

Sie kann weitere Vorschriften enthalten, die sich auf die Einnahmen und Ausgaben und den Stellenplan für das Haushaltsjahr beziehen.

(3) Die Haushaltssatzung tritt mit Beginn des Haushaltsjahres in Kraft und gilt für das Haushaltsjahr.

(4) Haushaltsjahr ist das Kalenderjahr, soweit durch Gesetz oder Rechtsverordnung nichts anderes bestimmt ist.

§ 81 Erlaß der Haushaltssatzung

(1) Der Entwurf der Haushaltssatzung ist nach ortsüblicher Bekanntgabe an sieben Tagen öffentlich auszulegen. Über Einwendungen, die von Einwohnern und Abgabepflichtigen gegen den Entwurf erhoben werden, beschließt der Gemeinderat in öffentlicher Sitzung.

(2) Die Haushaltssatzung ist vom Gemeinderat in öffentlicher Sitzung zu beraten und zu beschließen.

(3) Die vom Gemeinderat beschlossene Haushaltssatzung ist der Rechtsaufsichtsbehörde vorzulegen; sie soll ihr spätestens einen Monat vor Beginn des Haushaltsjahres vorliegen.

(4) Mit der öffentlichen Bekanntmachung der Haushaltssatzung ist der Haushaltsplan an sieben Tagen öffentlich auszulegen; in der Bekanntmachung ist auf die Auslegung hinzuweisen. Enthält die Haushaltssatzung genehmigungspflichtige Teile, kann sie erst nach der Genehmigung öffentlich bekanntgemacht werden.

Aufsicht

Aus der Gemeindeordnung für Baden-Württemberg

§ 118 Wesen und Inhalt der Aufsicht

(1) Die Aufsicht in weisungsfreien Angelegenheiten beschränkt sich darauf, die Gesetzmäßigkeit der Verwaltung sicherzustellen, ... (Rechtsaufsicht).

(2) Die Aufsicht über die Erfüllung von Weisungsaufgaben bestimmt sich nach den hierüber erlassenen Gesetzen (Fachaufsicht).

(3) Die Aufsicht ist so auszuüben, daß die Entschlußkraft und die Verantwortungsfreudigkeit der Gemeinde nicht beeinträchtigt wird.

§ 119 Rechtsaufsichtsbehörden

Rechtsaufsichtsbehörde ist das Landratsamt als untere Verwaltungsbehörde, für Stadtkreise und Große Kreisstädte das Regierungspräsidium. Obere Rechtsaufsichtsbehörde ist für alle Gemeinden das Regierungspräsidium. Oberste Rechtsaufsichtsbehörde ist das Innenministerium.

Beispiel einer Hauptsatzung

Aus der Hauptsatzung der Stadt Mannheim

I. Verfassung

§ 1
Verwaltungsorgane der Stadt sind der Gemeinderat und der Oberbürgermeister (Gemeinderatsverfassung).

II. Gemeinderat

§ 2 Zusammensetzung
Der Gemeinderat besteht aus
1. Dem Oberbürgermeister als Vorsitzenden,
2. 48 ehrenamtlichen Mitgliedern (Stadträte).

§ 3 Zuständigkeit des Gemeinderats
(1) Der Gemeinderat legt die Grundsätze für die Verwaltung der Stadt fest und entscheidet über alle Angelegenheiten, soweit nicht der Oberbürgermeister kraft Gesetzes zuständig ist oder der Gemeinderat bestimmte Angelegenheiten den Ausschüssen oder dem Oberbürgermeister überträgt.
(2) Der Gemeinderat kann folgende Aufgaben nicht übertragen: (Es folgen 18 Punkte, u. a. Bestellung der Ausschußmitglieder, Entscheidungen über Beamte des höheren Dienstes, Verfügung über Gemeindevermögen bei Werten über 500 000 DM, Aufnahme von Darlehen über 5 Millionen DM, Erlaß der Haushaltssatzung, allgemeine Festsetzung von Abgaben und Tarifen)

III. Ausschüsse

§ 4 Bildung von beschließenden Ausschüssen
(1) Aus der Mitte des Gemeinderates werden folgende beschließende Ausschüsse gebildet:
1. der Verwaltungs- und Finanzausschuß
2. der Personalausschuß
3. der Technische Ausschuß
4. der Wirtschafts- und Grundstücksausschuß
5. der Sozialausschuß
6. der Kulturausschuß
7. der Werksausschuß . . .
8. der Schätzungsausschuß

9. der Steuerausschuß
10. der Kassenausschuß der Zusatzversorgungskasse der Stadt Mannheim
11. der Umlegungsausschuß
12. der Jugendwohlfahrtsausschuß.

(2) (Legt die Mitgliedzahlen der Ausschüsse, zwischen 5 und 15, fest.)

(3) Für die ordentlichen Mitglieder sind in der gleichen Zahl Stellvertreter zu bestellen. Der Gemeinderat kann sachkundige Bürger widerruflich zu beratenden Mitgliedern der Ausschüsse berufen.

(4) Vorsitzender der Ausschüsse ist der Oberbürgermeister, der einen Beigeordneten mit seiner Vertretung beauftragen kann.

(5)

§ 6 Zuständigkeit der beschließenden Ausschüsse

Innerhalb ihres Geschäftskreises ... sind die beschließenden Ausschüsse allgemein zuständig für:

1. Vollzug des Haushaltsplans einschließlich Vergabe von Arbeiten und Lieferungen im Rahmen des Haushaltsplans, sofern der Betrag im Einzelfall 100 000 DM übersteigt;
2. Veräußerung von beweglichem Vermögen im Wert von 50 000 DM bis 500 000 DM im Einzelfall;
3. Miet- und Pachtverträge, sofern der jährliche Miet- oder Pachtzins 12 000 DM übersteigt.

IV. Oberbürgermeister

§ 16 Zuständigkeiten des Oberbürgermeisters

(1) Der Oberbürgermeister vertritt die Gemeinde nach außen und leitet die Gemeindeverwaltung. Er erledigt in eigener Zuständigkeit die Geschäfte der laufenden Verwaltung, die ihm durch Gesetz oder vom Gemeinderat übertragenen Aufgaben und Weisungsaufgaben, soweit gesetzlich nichts anderes bestimmt ist ...

(2) Geschäfte der laufenden Verwaltung sind insbesondere:

1. Vollzug des Haushaltsplans einschließlich Vergabe von Arbeiten und Lieferungen im Rahmen des Haushaltsplans bis zur Höhe von 100 000 DM im Einzelfall;
2. Zustimmung zu über- und außerplanmäßigen Ausgaben des ordentlichen Haushaltsplans, die im Verhältnis zum Einzelansatz oder zu vergleichbaren Ansätzen nicht erheblich sind ...

3. Erwerb von Grundstücken oder grundstücksgleichen Rechten bis zu 100 000 DM im Einzelfall;

4. Veräußerung und Tausch von Grundstücken ...

(5. — 8.)

(3) Dem Oberbürgermeister sind folgende Befugnisse übertragen: (Es folgen sechs Punkte, die sich u. a. auf die Einstellung und die sonstigen Rechtsverhältnisse von Arbeitern, Angestellten und Beamten unterhalb des höheren Dienstes beziehen, ferner der Oberärzte und Assistenzärzte des Krankenhauses und des künstlerischen Personals des Theaters.)

§ 17 Besondere Befugnisse des Oberbürgermeisters

(1) Der Oberbürgermeister muß Beschlüssen des Gemeinderats widersprechen, wenn er der Auffassung ist, daß sie gesetzwidrig sind, er kann widersprechen, wenn er der Auffassung ist, daß sie für die Gemeinde nachteilig sind ... Der Widerspruch hat aufschiebende Wirkung. Gleichzeitig ist unter Angabe der Widerspruchsgründe eine Sitzung einzuberufen, in der erneut über die Angelegenheit zu beschließen ist ... Ist nach Ansicht des Oberbürgermeisters auch der neue Beschluß gesetzwidrig, muß er ihm erneut widersprechen und unverzüglich die Entscheidung der Rechtsaufsichtsbehörde herbeiführen.

(2, 3)

V. Beigeordnete

§ 18 Beigeordnete

(1) Als hauptamtliche Stellvertreter des Oberbürgermeisters werden sechs Beigeordnete bestellt. Die Beigeordneten vertreten den Oberbürgermeister ständig in ihrem Geschäftskreis, den der Oberbürgermeister im Einvernehmen mit dem Gemeinderat abgrenzt.

(2) Der Erste Beigeordnete mit der Amtsbezeichnung „Erster Bürgermeister" ist der ständige allgemeine Stellvertreter des Oberbürgermeisters. Die weiteren Beigeordneten sind nur allgemeine Stellvertreter des Oberbürgermeisters, wenn der Oberbürgermeister und der Erste Beigeordnete verhindert sind; die Reihenfolge der allgemeinen Stellvertretung bestimmt der Gemeinderat.

(3) Der Gemeinderat kann den Beigeordneten die Amtsbezeichnung „Bürgermeister" oder eine andere ihren Geschäftskreis kennzeichnende Amtsbezeichnung verleihen.

VI. Stadtbezirke und Bezirksbeiräte

§ 19

(1) In den Vororten (folgen 11 Namen) sowie in den Stadtteilen (folgen 6 Namen) werden Stadtbezirke eingerichtet und Bezirksbeiräte gebildet. In den Stadtbezirken der Vororte werden Bezirkssekretariate eingerichtet, denen die örtliche Verwaltung obliegt.

(2) Die Bezirksbeiräte haben die Aufgabe, die Stadtverwaltung in allen wichtigen Angelegenheiten, die den Stadtbezirk betreffen, zu beraten.

(3)

(4) Vorsitzender des Bezirksbeirates ist der Oberbürgermeister oder ein von ihm Beauftragter.

Tagesordnungen des Sozialausschusses der Stadtvertretung einer Mittelstadt (Bocholt)

a) Zuschüsse zu den Personal- und Sachkosten der auf dem Gebiet der Sozialhilfe in der Stadt Bocholt tätigen Verbände der freien Wohlfahrtspflege
   Gewährung von Zuschüssen an die Verbände der freien Wohlfahrtspflege zu den Kosten der Altenhilfe außerhalb von Anstalten
   Jahresbericht der Franziskanerinnen vom III. Orden
   Tätigkeitsbericht der Gemeindeschwester der Evangelischen Kirchengemeinde
   Umstellung der Heizungsanlage des Diepenbrockheimes auf Erdgas
   Weggang der Ursulinen-Ordensschwestern aus dem Diepenbrockheim und künftige Weiterführung des Heimes
   Pflegesatzerhöhung für Altersheime
   Verschiedenes.

b) Neufestsetzung der Benutzungsentgelte für die Notunterkunft Ost
   Winterfeuerungsbeihilfen
   Kartoffelvorschüsse
   Weihnachtsbeihilfen
   Verschiedenes.

Die Tagesordnungen des Sozialausschusses machen deutlich, wie sich der vom Gesetzgeber gewollte Vorrang der gesellschaftlichen (hier insbesondere konfessionellen) Wohlfahrtspflege vor der kommunalen auswirkt. Sie läßt auch erkennen, wie stark die Tätigkeit des Ausschusses eine verwaltende, Einzelheiten erledigende, nicht Grundsätze festlegende, ist.

Literaturauswahl

a) Gesetzliche Grundlagen

Die Gemeindeordnungen in der Bundesrepublik Deutschland, bearbeitet von Gerd Schmidt-Eichstaedt, Wolfgang Haus und Isabell Sommer-Stade. (Schriften des Deutschen Instituts für Urbanistik, Bd. 47.) Stuttgart 1976.

Die Kreisordnungen in der Bundesrepublik Deutschland mit einer Einführung von Gerd Schmidt-Eichstaedt und Wolfgang Haus. (Schriften des Deutschen Instituts für Urbanistik, Bd. 44.) Stuttgart 1975.

Engeli, Christian und Haus, Wolfgang, Quellen zum modernen Gemeindeverfassungsrecht in Deutschland. (Schriften des Deutschen Instituts für Urbanistik, Bd. 45.) Stuttgart 1975.

Die Preußische Städteordnung von 1808. Mit Einf. v. August Krebsbach. (Neue Schriften des Deutschen Städtetages, Heft 1.) Köln 1957.

b) Zeitschriften

Der Städtetag. Hrsg. vom Deutschen Städtetag. (Zitiert: DST)

Der Landkreis. Hrsg. vom Deutschen Landkreistag.

Städte- und Gemeindebund. Hrsg. vom Deutschen Städte- und Gemeindebund.

Archiv für Kommunalwissenschaften. (Zitiert: AfK)

Kommunalpolitische Blätter. Organ der Kommunalpolitischen Vereinigung der CDU und CSU Deutschlands.

Die demokratische Gemeinde. (Kommunalpolitische Zeitschrift der SPD)

das rathaus. Zeitschrift für Kommunalpolitik. Erscheint in Zusammenarbeit mit den Landesverbänden der F.D.P.

Kommunalwirtschaft. Hrsg. vom Verein für Kommunalwirtschaft und Kommunalpolitik.

c) Gemeindestatistik

Statistisches Jahrbuch Deutscher Gemeinden. Hrsg. Deutscher Städtetag; erscheint jährlich.

d) Sammelbände

Kommunaldebatte im Deutschen Bundestag. (Schriftenreihe des Deutschen Städte- und Gemeindebundes, Heft 20.) Göttingen 1975.

Aspekte und Probleme der Kommunalpolitik. Hrsg. von Heinz Rausch und Theo Stammen. München 1973.
Die Stadt in der Bundesrepublik Deutschland. Hrsg. von Wolfgang Pehnt. Stuttgart 1974.

e) Besondere Veröffentlichungen

Auert, Marion, Rechtsstaat und kommunale Selbstverwaltung. Köln 1967. (Vgl. Bespr. AfK 1968, S. 154 f.)
Bahrdt, Hans Paul, Die moderne Großstadt. Reinbek 1961.
Forsthoff, Ernst, Verwaltungsrecht, Bd. I, Allgemeiner Teil, 10. Aufl., München 1973.
Freiberg, Werner, Grundfragen der Kommunalpolitik. Mainz 1970.
Geisselmann, Friedrich, Die kommunalen Spitzenverbände — Interessenvertretung und Verwaltungsreform. Berlin 1970.
Glass, Claus-Peter, Die Realität der Kommunalaufsicht. Köln 1967.
Gröttrup, Hendrich, Die kommunale Leistungsverwaltung. (Schriftenreihe des Vereins für Kommunalwissenschaften e. V., Berlin, Bd. 37.) Stuttgart 1973.
Klüber, Hans, Handbuch der Kommunalpolitik. Göttingen 1971.
—, Das Gemeinderecht in den Ländern der Bundesrepublik Deutschland. Heidelberg—New York 1972.
—, Die Gemeinden im bundesdeutschen Verfassungsrecht. Göttingen 1974.
König, René, Grundformen der Gesellschaft: Die Gemeinde. Reinbek 1958.
Köttgen, Arnold, Kommunale Selbstverwaltung zwischen Krise und Reform. (Schriftenreihe des Vereins für Kommunalwissenschaften e. V. Berlin, Bd. 25.) Stuttgart 1968.
Laux, Eberhard, Kommunale Selbstverwaltung im Staat der siebziger Jahre, AfK 1970, S. 217—239.
—, Entwicklungsplanung in der Kommunalverwaltung, in: Akademie für Raumforschung und Landesplanung, Raumplanung — Entwicklungsplanung, Hannover 1972.
—, Die administrative Funktion des Kreises, in: Der Kreis, Ein Handbuch. Band I. Köln und Berlin 1972.
Marshall, A. H., Local Government Administration Abroad. (Management of Local Government, Vol. 4.) London 1967.
Mitscherlich, Alexander, Die Unwirtlichkeit unserer Städte. Frankfurt/M. 1965.

Neuffer, Martin, Entscheidungsfeld Stadt. Stuttgart 1973.

—, Städte für alle, Entwurf einer Städtepolitik. Hamburg 1970.

Oel, Peter, Die Gemeinde im Blickfeld ihrer Bürger. (Schriftenreihe des Vereins für Kommunalwissenschaften e. V. Berlin, Bd. 35.) Stuttgart 1972.

Ofner, Robert, Zur Definition der Stadt, Kölner Zeitschrift für Soziologie, 1967, S. 546—551.

Oswald, Hans, Ergebnisse der deutschen Gemeindesoziologie nach 1950, AfK 1966, S. 93—111.

Peters, Hans, Die kommunale Selbstverwaltung und das Subsidiaritätsprinzip. AfK 1967, S. 5—24.

Pfizer, Theodor, Kommunalpolitik — Praxis der Selbstverwaltung. Stuttgart u. a. 1973.

Suyer, Richard, Handbuch der Gemeinderatssitzung. Stuttgart 1973.

Seele, Günter, Die Aufsichtsfunktionen der Kreisverwaltung, in: Der Kreis — Ein Handbuch, Bd. II 1976, S. 215 ff.

Stern, Klaus und Püttner, Günter, Die Gemeindewirtschaft — Recht und Realität. (Schriftenreihe des Vereins für Kommunalwissenschaften, Bd. 8.) Stuttgart 1965.

Scheuner, Ulrich, Zur Neubestimmung der kommunalen Selbstverwaltung, AfK 1973, S. 1 ff.

Ueberhorst, Wilfried, Die wirtschaftliche Betätigung der Gemeinden. Herford 1974.

Vogel, Hans-Jochen, Städte im Wandel. Stuttgart 1971.

Wagener, Frido, Neubau der Verwaltung. Berlin 1969.

Wolff, Hans J., Verwaltungsrecht, II. Bd., 4. Aufl., München 1976.

Zeitel, Gerhard, Kommunale Finanzstruktur und gemeindliche Selbstverwaltung, AfK 1970, S. 1—20.

Ziebill, Otto, Geschichte des Deutschen Städtetages. 2. Aufl. Stuttgart 1956.

—, Politische Parteien und kommunale Selbstverwaltung. (Schriftenreihe des Vereins für Kommunalwissenschaften, Bd. 7.) Stuttgart 1964.

Soweit die vorliegende Schrift im Unterricht von Schulen, Volkshochschulen usw. benutzt wird, sei darauf hingewiesen, daß die Zeitschrift „Gegenwartskunde" in Heft 4/1976 eine methodische Analyse zur unterrichtlichen Behandlung der Kommunalpolitik von Herbert Schneider veröffentlicht hat.

Sachregister

(Das Sachregister bezieht sich nicht auf den Anhang)

*) Bezieht sich nur auf Grundsatzfragen. Die Namen der einzelnen Bundesländer kommen im Text laufend vor.